Tempo de transcendência

Dados Internacionais de Catalogação na Publicação (CIP)
(Câmara Brasileira do Livro, SP, Brasil)

Boff, Leonardo
  Tempo de transcendência : o ser humano como projeto infinito / Leonardo Boff. – Petrópolis, RJ : Vozes, 2009.

  3ª reimpressão, 2023.

  ISBN 978-85-326-3875-5

  1. Antropologia filosófica 2. Cristianismo 3. Imanência (Filosofia) 4. Tempo – Filosofia 5. Teologia 6. Transcendência (filosofia) I. Título.

09-04569   CDD-141.3

Índices para catálogo sistemático:
  1. Ser humano e tempo de transcendência : Filosofia 141.3

Leonardo Boff

Tempo de transcendência

O ser humano como projeto infinito

Petrópolis

© by Animus / Anima Produções Ltda.
Caixa Postal 92.144 – Itaipava
25750-970 Petrópolis, RJ

Direitos de publicação em língua portuguesa:
2009, Editora Vozes Ltda.
Rua Frei Luís, 100
25689-900 Petrópolis, RJ
www.vozes.com.br
Brasil

Todos os direitos reservados. Nenhuma parte desta obra poderá ser reproduzida ou transmitida por qualquer forma e/ou quaisquer meios (eletrônico ou mecânico, incluindo fotocópia e gravação) ou arquivada em qualquer sistema ou banco de dados sem permissão escrita da editora.

CONSELHO EDITORIAL

Diretor
Volney J. Berkenbrock

Editores
Aline dos Santos Carneiro
Edrian Josué Pasini
Marilac Loraine Oleniki
Welder Lancieri Marchini

Conselheiros
Elói Dionísio Piva
Francisco Morás
Gilberto Gonçalves Garcia
Ludovico Garmus
Teobaldo Heidemann

Secretário executivo
Leonardo A.R.T. dos Santos

Editoração: Frei Gustavo Wayand Medella
Diagramação: AG.SR Desenv. Gráfico
Capa: Adriana Miranda

ISBN 978-85-326-3875-5

Texto atualizado e ampliado pelo autor a partir da edição anteriormente publicada pela Editora Sextante em 2000.

Este livro foi composto e impresso pela Editora Vozes Ltda.

Sumário

Primeira parte – Tempo de transcendência, 7
Introito – A percepção do tempo, 9
I. Somos seres de protestação, 11
II. A experiência originária: a ex-istência histórica, 13
III. Transcendência: capacidade de romper interditos, 16
IV. O ser humano como projeto infinito, 22
V. Lugares privilegiados de experiência da transcendência, 25
VI. A pseudotranscendência, 32
VII. Desejo e transcendência, 35
VIII. Qual é, finalmente, o obscuro objeto do desejo?, 39
IX. O Deus desconhecido, presente em nossa vida, 44
X. Transdescendência e transparência: a singularidade do cristianismo, 46
Debates abertos, 50

Segunda parte – O desafio do infinito: ciência e religião, 61

I. A ciência do infinito interroga a Teologia, 63

II. A Teologia sobre o infinito desafia a ciência, 67

III. Consequências do infinito para o ser finito, 72

IV. Uma experiência exemplar: Santo Agostinho, 76

Livros de Leonardo Boff, 79

Primeira parte
Tempo de transcendência

 Introito

A percepção do tempo

A reflexão sobre *Tempo de transcendência* me remete à questão maior que sempre desafiou os pensadores: que é o tempo? Das muitas respostas, de Santo Agostinho a Martin Heidegger, nenhuma me parece mais sugestiva do que esta vinda da figura literária do gaúcho argentino Martin Fierro: "O tempo é a tardança daquilo que está por vir".

A tardança, que é ao mesmo tempo subjetiva e objetiva, acena para o processo de realização do tempo: ele vem do futuro (o que está por vir) em direção ao presente (tardança) e desaparece no passado.

Talvez do tempo nunca se poderá dizer nada consistente porque precisamos de tempo para falar do tempo. Mas a experiência do passar das coisas e de nós mesmos nos oferece algum acesso a ele. É no tempo que se dá a percepção daquilo que está nele e também para além dele: a transcendência.

Este será o tema das presentes reflexões de cunho filosófico e antropológico, com acenos teológicos.

I
Somos seres de protestação

Há tempo e tempo. Para tudo há tempo. E cada coisa tem seu tempo, como dizem as escrituras judaico-cristãs. Por isso há também tempo de transcendência. A transcendência talvez seja o desafio mais secreto do ser humano porque nós, homens e mulheres, na verdade, somos de natureza transcendente, e por isso estamos sempre para além e protestando contra limites impostos. Protestamos contra a realidade na qual estamos mergulhados porque nos sentimos aprisionados por ela e, ao mesmo tempo, para além dela e transcendentes a ela.

Nós desbordamos todos os esquemas e nada nos encaixa. Não há sistema militar, por mais duro, não há nazismo, por mais feroz, não há fundamentalismo, por mais dogmático, que possam enquadrar o ser humano. Sempre sobra alguma coisa nele. E não há sistema social, por mais fechado que seja, que não tenha brechas por onde o ser humano possa entrar e fazer romper essa realidade fechada.

Por mais aprisionado que esteja, nos fundos da Terra ou na ilha mais deserta, mesmo aí o ser humano transcende esta situação. Porque, com seu pensamento, ele habita as estrelas e, com seu desejo, suspira por outros espaços abertos. Por isso, nós temos uma existência condenada à transcendência, à liberdade e à superação dos limites impostos.

Na minha juventude fui muito inspirado por um filósofo italiano sobre o qual se fala pouco hoje, chamado Michele

Federico Sciacca. Ele escreveu um livro com esse título: *L'uomo, questo squilibrato* (O ser humano, esse desequilibrado). Vale dizer que o ser humano não goza de permanente equilíbrio. Ele sempre está fora do centro, longe do meio-termo e da justa medida. Isso não é um defeito, mas uma marca.

E, quando falamos de transcendência, queremos apontar para este tipo de experiência. Para compreendê-la corretamente precisamos fazer uma terapia dos conceitos. Isso se deve ao fato de que as todas as religiões nos viciaram, pois sempre se referiram à transcendência, mas nos passaram uma visão distorcida dela. Transcendência, para a maioria das religiões, era o céu, o outro lado, o lá em cima, o lugar próprio de Deus e de seus anjos. A imanência era contraposta à transcendência. Era o aqui embaixo, a Terra, o mundo sublunar, natural e humano. Passaram-nos a ideia de que ambos se contrapõem. São dois mundos separados.

Mas pela fé, pela oração e pela meditação criamos pontes que aproximam os dois mundos. Daí a importância das religiões, pois elas se propõem ligar e re-ligar os dois universos distintos e separados. E então o ser humano pode transitar de um mundo a outro como na escada de Jacó, colocando sua plena realização e salvação no outro lado, no mundo da transcendência. E só podia ser lá, porque é onde Deus transcendente vive e reina.

II
A experiência originária: a ex-istência histórica

Os filósofos, entretanto, indo fundo na reflexão sobre a realidade e sobre suas formas de experimentá-la, nos dizem: "Tudo isso é metafísica". Significa: tudo isso é representação, objetivação da experiência, projeção cultural nossa. Não é ainda a realidade. A realidade se mostra numa outra dimensão e é alcançada por um tipo de pensamento, chamado originário.

Talvez na primeira metafísica, a representação mais ancestral do mundo que, em tempos primordiais, nossos antepassados humanos elaboraram, foi quando emergiu a consciência. A partir daquele momento, há cerca de 7 milhões de anos, irrompeu no ser humano a capacidade de criar uma imagem do mundo e de sempre acrescentar algo a ela que é seu significado simbólico. Tal fato teve origem no interior da experiência religiosa, na África, de onde todos viemos. As religiões são metafísicas, são representações do mundo: céu-inferno, lá-aqui, Deus-mundo, corpo-alma, homem-mulher.

Agora, uma reflexão mais acurada, que busca o pensamento originário – o grau zero do pensamento –, se dá conta de que tudo isso é criação humana e projeção cultural. Quando fazemos tal afirmação, corremos o risco de irritar as pessoas religiosas e confundir aqueles que orientam suas vidas por textos sagrados, doutrinas, ritos e por sabedorias ancestrais.

Mas a questão não pode ser despistada. Vale a pergunta: Que se esconde por detrás das religiões? Transcendência e imanência querem transmitir que tipo de experiência? Há algo anterior às religiões e às categorias transcendência-imanência?

O ser humano é instigado a ir até às raízes. Quer chegar até o fundo, até àquela fonte da qual tudo jorra. Sua atitude filosofante fez (e faz) surgir os filósofos, a começar pelos pré-socráticos, mais de seis séculos antes de nossa era, até os atuais seja do Ocidente seja do Oriente.

Que queremos dizer quando falamos de transcendência e de imanência? Temos que decidir esta questão para então irmos adiante e entendermos muitas outras coisas.

A afirmação fundamental que fazemos é esta: a realidade originária e fundante, aquilo que está à mão de todos e nos é dado de forma imediata e universal, é a nossa própria existência humana, como existência histórica.

Aclaremos um pouco as palavras : "Exis-tência". A palavra quer dizer: vivemos para "fora" (ex), somos seres de abertura em todas as direções. Somos um nó de relação conosco mesmo, com os outros, com a sociedade, com a natureza, com o universo e com Deus. Constituir-se como um ser de abertura e de relação é dizer que somos seres que trocam e interagem continuamente com tudo o que se apresenta a eles. Com isso crescem e se enriquecem em sua identidade.

Essa abertura e essa capacidade ilimitada de relação expressam a realidade da transcendência. Vamos para além de nós mesmos, trans-cendemos.

Nossa ex-istência é "histórica". Com a palavra "histórica" queremos enfatizar o fato de que nos realizamos dentro do tempo, num processo permanente e bem concreto, num corpo, numa mente, num espírito com tais e tais capacidades, numa língua, numa família, numa sociedade, numa cultura, num universo, numa determinada profissão. Portanto, a abertura ilimitada se autolimita, o nó de relações em todas as direções se materializa numa relação concreta. Em outras palavras, nós nunca estamos feitos de uma vez por todas. Com as relações, vamos construindo e plasmando a nossa realidade. Nascemos inteiros. Mas não estamos prontos. Passo a passo, na história e na medida das inter-retro-relações, vamos completando nosso ser. Por isso, não há propriamente antropologia, mas "antropogênese": a gênese continuada do ser humano.

Quando falamos em "história" queremos assinalar todas estas determinações concretas. Elas são processuais e dinâmicas. Elas entram na composição daquilo que somos.

III
Transcendência: capacidade de romper interditos

Nossa "ex-istência histórica" revela, pois, as duas dimensões: a transcendência e a imanência. Mostra nossa abertura infinita e, ao mesmo tempo, sua concretização finita.

Para tornar mais compreensível esta realidade-fonte, utilizemos a metáfora da árvore. Somos semelhantes a uma árvore. Ela tem copa, tronco e raiz. Somos seres-raiz, penetrando fundo no escuro do chão, de onde tiramos a seiva para viver. A raiz nos segura ao chão e não nos deixa voar. Somos, de certa forma, prisioneiros do chão. Por outro lado somos seres-copa, abrimo-nos à atmosfera, ao sol, aos ventos, às chuvas, às energias cósmicas, ou seja, nos relacionamos com o todo.

Como seres-raiz, realizamos a imanência. Como seres-copa, mostramos a transcendência. Copa e raiz pertencem à mesma árvore. Então, transcendência e imanência são dimensões de nossa existência histórica. São expressão daquilo que é o ser humano, como um ser complexo porque simultaneamente aberto e enraizado, livre e limitado, universal e concreto.

A correta articulação da raiz com a copa, da seiva com as energias cósmicas, produz o tronco forte, capaz de suportar ventos e tempestades. O tronco é o ponto de ligação das duas dimensões. É tarefa da nossa existência encontrar esse ponto de equilíbrio entre transcendência e imanência.

Se, por um momento, nos detemos na transcendência, pois esse é o foco de nossa reflexão, queremos com isso enfatizar: somos seres que rompem barreiras, violam interditos, se lançam para além de todos os limites dados.

Se é assim, então, a transcendência não pode ser reduzida apenas ao campo das religiões, porque elas trabalham diretamente com o conceito "Deus" cuja realidade está para além de qualquer limite e por isso é transcendente. A transcendência é um dado antropológico. Define nosso ser essencial. Ninguém possui ou detém o monopólio da transcendência. Ela é dada a todos, todos se realizam nela e todos a revelam.

Então, todos os tempos são tempos de transcendência. O tempo do homem *australopiteco piticino*, cujo fóssil encontrado era de uma mulher que recebeu o nome de Luci, era tempo de transcendência. Num dado momento do processo da antropogênese, Luci deixou as florestas da África, penetrou nas savanas e fez um percurso histórico que deixou para trás os primatas superiores e evoluiu para o *Homo sapiens sapiens* e *demens demens* que somos cada um de nós.

Vamos concretizar a dimensão da transcendência com o relato bíblico de Adão e Eva, colocados no jardim do Éden, ao pé da árvore do bem e do mal. Recebem a ordem divina de nunca comer de seu fruto, pois, caso comessem, morreriam.

Esse relato pode ser interpretado através de muitos códigos. A tradição judaico-cristã, que lê no código religioso, fala da transgressão que configurou o pecado das origens e as consequências que daí advieram: a expulsão do paraíso, o trabalho penoso e a introdução da morte. Mas uma outra leitura, de caráter antropológico e filosófico, descobre aí a manifestação da transcendência através do exercício da liberdade, típica do ser humano. Adão e Eva violam o interdito. Rompem o limite imposto. Pagam um preço caro por seu ato, mas mostram sua realidade essencial: são seres de transcendência. Realizam sua existência histórica, mesmo sob uma forma decadente, no modo de uma vida laboriosa, de exilados do paraíso terrenal e submetidos à angústia da morte. É a nossa existência histórica atual e concreta, a nossa condição humana.

Talvez a liberdade e a transcendência podem ser exemplarmente testemunhadas por um mito. Escolhemos um, especialmente belo e instigante, dos índios Karajá que vivem na Ilha do Bananal, no Centro do Brasil. Reza o mito:

No começo do mundo, quando foram criados pelo Ser supremo, os Karajá eram imortais. Viviam como peixes, circulavam por todo tipo de rios e de águas. Não conheciam o sol e a lua, nem plantas e animais. Mas viviam felizes, pois gozavam de perene vitalidade.

Mas havia um interdito: não entrar pelo buraco luminoso que havia no fundo do rio. O Criador o havia proibido terminantemente sob pena de perderem a imortalidade. Passeavam ao redor do buraco, admiravam a luz que saía dele, ressaltando ainda mais as cores de suas escamas. Tentavam espiar para dentro, mas a luminosidade impedia qualquer visão. Apesar disso, obedeciam filialmente. Mas a tentação de violar a ordem divina era permanente.

Certo dia, um karajá afoito violou o tabu da interdição. Meteu-se pelo buraco luminoso adentro e foi dar nas praias alvíssimas do Rio Araguaia. Viu uma paisagem deslumbrante. Encontrou um mundo totalmente diverso daquele seu. Havia um céu de um azul muito profundo com um sol irradiante, ilu-

minando todas as coisas e aquecendo agradavelmente a atmosfera. Aves coloridas, com seus gorjeios, davam musicalidade ao ar. Animais dos mais diversos tamanhos e cores circulavam pacificamente, um ao lado do outro, pelas campinas. Borboletas ziguezagueavam por sobre flores perfumadas e florestas exuberantes eram entremeadas por plantas carregadas de flores coloridas e dos mais variegados frutos.

Deslumbrado, o índio karajá ficou apreciando aquele paraíso terrenal até o entardecer. Quis retornar mas foi tomado por um outro cenário fascinante. Por detrás da verde mata, nascia uma lua de prata, clareando o perfil das montanhas ao longe. No céu, uma miríade de estrelas o deixaram boquiaberto, a ponto de se perguntar:

– O que se esconde atrás daquelas casinhas todas iluminadas? Quem lhes acende a luz para brilharem com tanta força?

E assim, embevecido, passou a noite até que começou novamente a clarear e a lua a desaparecer. O sol, que parecia ter morrido na noite anterior, ressurgia, glorioso, no horizonte distante.

Lembrando-se de seus irmãos e irmãs peixes, regressou com os olhos cheios de beleza, passando rápido pelo buraco luminoso. Foi falar aos seus irmãos e irmãs, dizendo-lhes:

– Meus parentes, passei pelo buraco luminoso e descobri um mundo que vocês sequer podem imaginar. Contemplei com alegria no coração o sol , a lua e as estrelas. Vislumbrei com os olhos esbugalhados campinas floridas e infindáveis borboletas. Apreciei animais de todos os tamanhos em florestas verdes e azuis. As praias são alvíssimas e de areias finas. Temos que falar com nosso Criador para nos permitir morar naquele mundo.

Mesmo sem entender aqueles nomes todos, os parentes ficaram tão curiosos que já queriam imitar a coragem do irmão karajá e coletivamente desobedecer, passando pelo buraco proibido. Mas os anciãos sabiamente observaram:

— Irmãos e irmãs, temos que respeitar nosso Criador, pois nos quer bem e nos fez imortais como ele. Vamos conversar com ele e pedir-lhe as devidas permissões.

Todos, sem nenhuma exceção, concordaram. Foram falar com o seu Criador. Expuseram as boas razões de seu pedido. O Criador depois de ouvi-los e, com certa tristeza na voz por causa da desobediência do afoito karajá, lhes respondeu:

— Entendo que vocês queiram passar pelo buraco luminoso que os levará a um mundo de beleza, de cores variegadas, de diversidade de plantas, de flores, de frutos e de animais. Contemplarão, sim, a majestade do céu estrelado, o esplendor do sol e a suavidade da lua. Divertir-se-ão nas areias claras do Araguaia e rolarão de alegria em suas praias alvíssimas. Mas eis que revelo a vocês o que ainda não sabem e não veem. Toda essa beleza é efêmera como a borboleta das águas, conhecida de vocês, que nasce hoje e desaparece amanhã. Os seres de lá não têm a imortalidade como vocês. Todos nascem, crescem, maduram, envelhecem e morrem. Todos são mortais. Todos caminham para a morte... Irresistivelmente para a morte. Vocês querem isso para vocês? Cabe a vocês decidirem.

Houve um silêncio aterrador. Todos se entreolhavam. Todos se voltaram ao karajá que descobrira o mundo encantado, embora mortal. E como que tomados de fascínio pela beleza daquele mundo, confirmada pelo Criador em sua fala, responderam:

— Sim, Pai. Sim, queremos conhecer aquele mundo. Queremos morar naquele paraíso dos mortais.

O Criador ainda lhes falou pela última vez:

— Aceito a decisão de vocês porque aprecio acima de tudo a liberdade. Mas saibam que de hoje em diante serão mortais. Continuarão livres, não deixem jamais que lhes roubem a liberdade, mas deverão morrer como todos os seres daquele mundo *radiante. Lembrem-se que trocaram o dom supremo da imortalidade pelo dom precioso da liberdade. A decisão é de vocês.*

E decidiram. Todos os Karajá passaram entusiasmados pelo buraco luminoso do fundo do rio. Chegaram ao mundo dos mortais, da beleza efêmera e das alegrias finitas.

Ainda hoje vivem naquele paraíso às margens do Araguaia. Tiveram a inaudita coragem de acolher a mortalidade para nascerem integralmente como seres de liberdade e de transcendência e, mesmo mortais, com todos os achaques que a vida mortal comporta, continuam a viver naquelas paragens.

Com a passagem pelo buraco proibido, eles fizeram a experiência da transcendência. Revelaram esta dimensão, intrínseca à natureza humana.

IV
O ser humano como projeto infinito

Depois destas reflexões a propósito do relato bíblico e do mito dos índios Karajá, recolocamos a questão: que é a transcendência no ser humano?

É o seu lado de abertura; é sua capacidade de ultrapassagem; é sua ousadia de romper interditos; é sua liberdade essencial. Essa dimensão convive com a outra: é um ser situado no espaço e datado no tempo; é um ser enraizado nos limites da realidade; é um nó concreto de relações. Ambas as dimensões convivem no único e mesmo ser humano. Ele é histórico e utópico; é feito e sempre por fazer; é uma pulsão infinita aprisionada nos limites espaçotemporais; é a convergência dos opostos.

Sendo transcendente e imanente, vivendo entre estas duas forças que o puxam cada qual para o seu lado, o ser humano vive permanentemente um drama. Como contentar os dois chamados: um para o céu e o outro para a terra? Um para o cume da montanha e o outro para o abismo profundo?

A experiência existencial que se faz é esta: somente saindo de si em direção ao outro, fica bem em casa; somente está bem em casa quando se abre ao diferente e interage com ele; só dando é que recebe.

Em conclusão podemos dizer: o ser humano se descobre um projeto infinito (transcendência), realizado no finito (imanência).

Separar o que a existência histórica mantém sempre unido, objetivar as dimensões, é fazer metafísica, quer dizer, é construir projeções que esquecem que são projeções porque as identificamos com a realidade.

Dando um exemplo: fazemos sempre alguma imagem de Deus. Mas Deus mesmo não é uma imagem. Identificar a imagem de Deus com Deus mesmo é cometer o erro da idolatria. Por isso que a Bíblia proíbe fazer imagens de Deus, para não sermos idólatras e deixarmos Deus ser Deus, isto é, uma Realidade que transcende todas as imagens.

Quando colocamos a transcendência como algo que existe no além e no outro lado do mundo, quando compreendemos a imanência como algo meramente dado, fechado, sem abertura e terminado em si mesmo, estamos fazendo metafísica. Superar a metafísica é esforçar-se por pensar imanência e transcendência como expressões do único ser humano: como abertura infinita que busca uma concretização; como uma concretização jamais fechada em si mesma, mas sempre aberta a novas evoluções e enriquecimentos.

A conclusão que tiramos é esta: o ser humano nunca se deixa enquadrar por nenhum arranjo existencial, por nenhuma compreensão da realidade, por nenhuma religião, por nenhuma sociedade, por nenhuma definição. Embora sempre concreto, ele desborda por todos os lados. Tudo é menor diante dele. Ele não cabe nem dentro do universo. Ele o transcende. Busca encontrar aquela Energia que tudo origina e tudo sustenta. Quer encontrar-se com ela, dialogar com ela, entrar em comunhão com ela e, quem sabe, fundir-se nela.

Hoje, nesta quadra histórica da Idade de Ferro da globalização, porque é predominantemente econômico-financeira, vivemos o império do imanente fechado, coisificado, materializado em produtos para o consumo e em imagens enlatadas para nos distrair de nossa real existência histórica. Vigora um pensamento que não admite alternativas, um modo de produção que se julga o único válido, uma compreensão do mundo que se apresenta como a única legítima. Esta visão pobre implodiu por si mesma na crise econômico-financeira de setembro de 2008. Aí se desmascarou a falsidade do pensamento único, do monopolitismo e do imanentismo, que tenta sufocar a transcendência e nunca consegue, porque uma transcendência que se sufoca nunca foi transcendência. Se ela é essencial, significa que nunca deixa de estar presente, mesmo quando negada e esquecida. Ela aparece sempre, mas sob formas distorcidas.

Em nome da transcendência, milhões de seres humanos resistem, se recusam e se rebelam. Em nome desta transcendência viva foi criado o Fórum Social Mundial a partir de 2001, começando em Porto Alegre e depois se expandindo pelo mundo todo, para dizer que outro mundo é possível e necessário, que não estamos condenados a replicar sempre o mesmo modelo de sociedade, mas que podemos inventar mundos que ainda não foram ensaiados, mais includentes e mais dignos de nossa realidade humana.

Então, precisamos estar atentos aos sistemas que nos querem enquadrar, seja nos modelos de família, de escola, de formas de consumo, de um mesmo modo de sentir e de viver a dimensão espiritual. Não nos deixemos mediocrizar, mantenhamos nossa grandeza, nossa capacidade de voo de águia, nossa natureza de transcendência.

V
Lugares privilegiados de experiência da transcendência

Sendo uma dimensão do humano, a transcendência sempre está presente e se realizando na medida em que a vida vai sendo construída. Mas existem alguns eixos existenciais nos quais a experiência de transcendência se adensa e se revela de forma mais perceptível.

Uma experiência de transcendência das mais fundamentais é aquela do enamoramento. Quando a pessoa se enamora da outra, a outra se transforma numa espécie de divindade, carregada de irradiação e de energia que os antropólogos chamam de "mana". Não se medem esforços para encontrá-la. O tempo da espera parece uma eternidade. E, quando a encontra, faz-se uma experiência de total saída de si mesmo na direção da outra. É a contemplação, o êxtase e a fusão.

Machado de Assis, em seu romance *Dom Casmurro*, descreve o fenômeno do enamoramento entre Bentinho e Capitu:

> Naquele instante, a eterna Verdade não valeria mais que ele, nem a eterna Bondade, nem as demais Virtudes eternas. Eu amava Capitu! Capitu amava-me. E as minhas pernas andavam, desandavam, estavam trêmulas e crentes de abarcar o mundo. Esse primeiro palpitar da seiva, essa revelação da consciência a si própria, nunca mais me esqueceu, nem achei que fosse comparável a qualquer outra sensação da mesma espécie.

Eis a fina descrição de uma experiência de transcendência, experiência de encontro entre duas pessoas que se enamoram e descobrem o amor, uma experiência que revoluciona a consciência e a vida.

A culminância desta experiência de amor, como lugar de transcendência, acontece na intimidade sexual. Se ela vem imbuída de mútuo amor, suspende-se o tempo do relógio e ambos se perdem uma para dentro do outro. É uma experiência de eternidade antecipada. Os místicos, ao expressar seu salto de transcendência para dentro de Deus, se referem ao esponsal "do amado na amada transformado" como o diz tão bem São João da Cruz.

Outro lugar da experiência da transcendência é testemunhado pela cultura popular. Ela ganha especial significado porque feita sob condições geralmente desumanas, de fome, de miséria, de destruição do horizonte utópico pela sensação de que, no fundo, nada mais vai mudar. E apesar disso, melhor, junto a isso, irrompe também aí a transcendência. São os momentos das festas populares, dos santos padroeiros como o Senhor Bom Jesus da Bahia, ou a festa de Iemanjá, a deusa do mar, na virada do ano. Também na torcida pelo time de futebol predileto ou no campeonato mundial. Quando o time leva a taça, a alegria é esfuziante, os gritos altíssimos, os abraços calorosos. É o gozo e a festa da vitória. Vive-se o tempo mítico da duração e não o tempo cronológico do passar sempre igual dos minutos.

O carnaval é para muita gente um momento especial de experiência de transcendência. Os carnavalescos se prepararam durante todo um ano, confeccionaram as belíssimas fantasias, construíram os carros alegóricos enfeitados e compuseram a música contagiante. Aquele momento do desfile e da dança, seja do samba, do frevo ou de outra música popular qualquer, é a transposição das pessoas para o mundo encantado, onde os conflitos se anulam e reina o esplendor da vida reconciliada consigo mesma.

Certa vez, ocorreu-me vivenciar um fato, fartamente comentado pela mídia, que exemplifica a irrupção da transcendência. Um grupo significativo de moradores de uma comunidade pobre do Rio de Janeiro (favela) decidiu visitar um *shopping*. Já haviam visto muitos pela televisão e tudo o que lá dentro se oferece para comprar. Eles foram na situação em que se encontravam: mal vestidos, com roupas sujas e malcheirosas. E lá se foram *shopping* adentro. Ocorreu, curiosamente, uma dupla experiência de transcendência.

A primeira foi dos próprios membros da comunidade pobre. Ficaram embasbacados com o ambiente, um verdadeiro templo do consumo, um oásis paradisíaco de produtos sem as contradições da pobreza. Muitos exclamavam: "Nunca vimos coisa tão bonita assim! É um sonho e que pena que é só para alguns!" Tiveram uma experiência de transcendência no transfundo do mundo melancólico e miserável em que vivem.

A segunda foi dos donos das lojas e dos fregueses. "Como é possível que essa gente venha para cá? Seguramente vão nos assaltar e roubar". Quando, na verdade, eles queriam apenas visitar um *shopping*. "São como ETs... Não pertencem ao nosso mundo... Eles não são produtores de nada, como querem ser consumidores?" E alguns começaram a fechar as portas de medo. Era uma experiência de transcendência negativa, pelo reverso da realidade.

A experiência de transcendência ocorre também em grandes *shows* musicais com cantores famosos, grandes orquestras e encenações bem elaboradas. As pessoas são transportadas para além de seu cotidiano. A experiência é de enlevo e, por vezes, de êxtase. Quando a beleza é grande demais, como na queima de fogos na Praia de Copacabana, na virada do ano, com cores e figuras das mais criativas, na presença de dois milhões de pessoas que nem se conhecem e se abraçam efusivamente, então simplesmente choramos de alegria e de comoção. Deve ser assim que Deus receberá cada pessoa que chega ao céu: com festa, fogos, luzes e incontável alegria.

Outras vezes é um belo filme que nos provoca a experiência de transcendência. O filme de Benigni – A *vida é bela* – seguramente suscita este tipo de experiência. Mostra o horror de um campo de concentração nazista na Itália, violência, maus-tratos e profunda desumanidade. No meio daquele inferno, uma criança sonha em ter como presente, num estranho jogo de pontos a serem cada dia conquistados, um tanque de verdade. Logicamente é um sonho impossível. Mas o pai cria condições fantasmagóricas para que o filho continue a sonhar e assim possa suportar as estações daquele calvário de humilhações. Até que chega o dia da entrada vitoriosa dos aliados e da fuga atabalhoada dos nazistas. Um tanque chega por primeiro. O menino se posta diante dele e pensa que é seu presente: o tanque de verdade. O soldado americano o recolhe e o leva para dentro de seu presente, não mais imaginário. É o momento da experiência de transcendência deste menino. A experiência ganha extrema densidade quando, na fila dos resgatados do campo de horrores, o menino encontra a própria mãe. Quem consegue segurar as lágrimas?

Neste contexto aterrador me vem à mente a figura do comandante do campo de extermínio nazista de Auschwitz,

Rudolf Höss. Sob seu comando, pelos cálculos que ele mesmo fez na autobiografia que deixou, antes de ser condenado à morte, foram enviados cerca de dois milhões de judeus às câmaras de gás. Fazia-o sem qualquer remorso. Obedecia ordens do *Führer*, do chefe. E o chefe, conforme se ensinava então, "sempre tem razão". As descrições que fez das barbaridades cometidas sob suas ordens são frias e de uma crueldade que ultrapassam os limites de suportabilidade do sentimento humano. Ele confirma a tese de Hanah Arendt da "banalização da morte" ocorrida na época do nazifascismo. Praticava as piores violações à dignidade humana com requintada crueldade e frieza, sem qualquer comoção. Isso nos faz entender o que disse Blaise Pascal: "nunca fazemos tão perfeitamente o mal, como quando o fazemos com boa vontade".

Mas há limites também para a maldade. O próprio Höss chega a confessar que, depois que começou os extermínios em massa, não conseguia mais ser feliz, nem consigo mesmo. A vida possui uma sacralidade inerente. Quem a ofende de forma sistemática perde aquilo que ela sempre oferece gratuitamente: o sentimento de satisfação e de felicidade.

Ocorreu um fato, conta ele, que atingiu aquele pequeno resto de humanidade (diríamos de transcendência) que se escondia sob o manto de sua desumanidade. Foi quando teve que enviar para a câmara de gás uma mãe com suas duas crianças que brincavam tão entretidas que não queriam se deixar perturbar. A mãe chorava copiosamente. Com olhos suplicantes pedia que poupasse as crianças. Ele, por um momento, vacilou. Depois, frio e cruel, fez um gesto brusco para os policiais os conduzirem ao extermínio. Mas comenta em sua autobiografia: "Aquele olhar suplicante jamais poderei esquecer; assaltou-me a compaixão a ponto de querer que a terra se abrisse sob meus pés, mas eu, diante dos outros, não devia mostrar nenhuma comoção".

Aqui temos a irrupção da dimensão de transcendência, intrínseca ao ser humano. Mesmo dentro da maior desumanidade ela não deixa de se manifestar sob a forma de má consciência e de remorso.

Outras vezes, a transcendência se dá no encontro com as pessoas. Pode ser que você mergulhe numa pesada crise existencial. O acúmulo de problemas lhe impede de ver claro e você fica sem saber que caminho tomar. Aí pode encontrar uma pessoa que lhe dirige palavras geradoras, que lhe acende uma luz, lhe coloca a mão no ombro e lhe aponta um caminho. Não como mestre, que diz: "Vá por aí", mas como alguém que desperta o mestre escondido em você e o ajuda a definir o caminho.

Você tem uma experiência de encantamento e de veneração por essa pessoa que, de repente, se transformou num mestre anônimo ou lhe suscitou o herói interior adormecido.

Poucas semanas antes de sua morte, pude ainda visitar Dom Helder Camara, o Profeta dos Pobres e o Santo do Terceiro Mundo, em sua casinha pobre, junto à Igreja das Fronteiras, na periferia de Recife. Nutríamos amizade antiga por causa da Teologia da Libertação que ele bem compreendeu e sempre apoiou. Ao chegar, a freira que cuidava dele me disse: "Olha, Dom Helder estava muito cansado e foi dormir. Se quiser, eu lhe mostro ele dormindo". Fui lá. Tive uma imensa surpresa. Fiquei cerca de dez minutos, silencioso, contemplando aquele passarinho dormindo, com seu "habitinho branco"; parecia um Gandhi com as suas canelinhas de fora, finas, suspirando profundamente. E eu fiquei enlevado porque transpirava nele tanta irradiação, tanta leveza, tanta santidade, tanta transcendência, que parecia algo mágico que se apresentava lá. Respeitoso, fiz a reverência indiana, saí de fininho e disse: "Olha, foi o diálogo mais longo e profundo entre todos que tive com Dom Helder". Essa imagem, quero reter dele: o sono de um profeta, de um Gandhi, de um anjo de paz.

Há outras pessoas iluminadas como Dom Helder. É talvez o vovô, a vovó, um tio que sofreu muito e acumulou experiência, algum amigo entranhável ou alguma amiga confidente. Às vezes é o pipoqueiro ou uma manicure aos quais vale a pena escutar. Têm tiradas geniais. Eu tenho, assim, alguns amigos populares, que considero excepcionais em inteligência e sabedoria de vida. Deviam estar nas universidades ou nos púlpitos, falando a ouvintes atentos, escutando e aprendendo do saber só "de experiências feito", como diria o nosso poeta maior, Luís de Camões.

Martin Heidegger, que considero o mais brilhante filósofo do século XX, apesar de seu nazismo inicial, não quis sair de Friburgo na Alemanha, pequena cidade ao lado da Floresta Negra. Convites para cátedras famosas não lhe faltaram. É que lá tinha interlocutores importantes com quem se entretinha em sua casa na montanha. Dizia que lá estavam os pensadores originários, como os pré-socráticos. Eram rústicos camponeses e lenhadores. Não tinham sido conquistados pela metafísica das igrejas ou das universidades. Estavam ainda fincados no chão da vida, colados à realidade. Viviam a profunda comunhão com a terra, sem distância, sem suspeitas, inteiros no seu mundo. Eram essas as principais razões que o mantinham na província. Aí irradiava o pensamento em grau zero, originário, a transcendência sem ser pensada e justificada, como o estamos fazendo neste escrito.

VI
A pseudotranscendência

Tudo o que é sadio pode ficar doente. Assim há uma doença da transcendência, que chamaria de pseudotranscendência. É aquela que se apresenta como transcendência, mas que, na verdade, é sua distorção. Esta é produzida artificialmente pelo *marketing* comercial, pelo *showbizz* e por todo tipo de entretenimento de massa.

As menininhas enlouquecem quando aparece seu ídolo. Querem tocá-lo e algumas desmaiam. Há apresentadores ou apresentadoras de televisão que mantêm auditórios cativos. Transformam-se em formadores de opinião e de hábitos e funcionam como figuras referenciais às quais os espectadores se rendem sem qualquer ponderação crítica. Especialmente ocorre com as igrejas carismáticas populares com seus pregadores inflamados. Com promessas de cura e de prosperidade, levam os auditórios ao delírio e ao êxtase religioso-emocional.

Penso que tais fenômenos, travestidos de experiência de transcendência, na verdade funcionam como moedas falsas. Permitem uma saída de si mesmo que não reforça a identidade profunda do ser humano como projeto infinito e nó de relações. É o império da metafísica, vale dizer, da realidade imaginada, produzida e projetada pelos meios de comunicação, geralmente na lógica do capital que visa o ganho material.

Seu nível é tão rasteiro que se torna indigno da realidade de Deus. O que mais ocorre é "usar o santo nome de Deus em vão" – pecado contra o segundo mandamento.

Creio que uma das formas mais degradadas da pseudotranscendência é propiciada pela droga. Ela permite uma viagem fantástica, de saída de si mesmo rumo ao vazio. Esta saída não é consequência de um caminho de vida ou de uma espiritualidade. É produzida pelo caminho curto da química. Pela droga, rompem-se todos os limites. Proporciona uma pseudoexperiência de onipotência por libertar a pessoa dos limites angustiantes da condição humana em seu cotidiano gris. O problema da droga não é a viagem – a pseudotranscendência –, mas a volta da viagem e o confronto com o cotidiano, com suas contingências inevitáveis de ter que trabalhar, de levantar cedo, de enfrentar o tráfego engarrafado, de pagar contas. Essa é a imanência mais crua.

Esta imanência é acolhida e suportada com jovialidade a partir de uma transcendência bem vivida e integrada na totalidade da vida. Caso contrário, a pessoa é tentada a viajar, a saltar fora destas limitações através da droga, a preço de destruir a própria liberdade e a vida.

O critério da transcendência realizadora da essência humana é a capacidade de potenciar a liberdade e de fortalecer a assunção dos constrangimentos da condição humana, especialmente a opacidade do cotidiano. A pseudotranscendência representa um álibi, uma espécie de fuga ou um processo de fetichização de pessoas ou de situações que podem vir sob a forma de religião, de métodos de meditação, de recitação de rezas fortes, de dieta natural miraculosa. Em situações assim, cabe verificar se tudo isso amplia a percepção de nossa realidade profunda, transcendente-imanente, enraizada e sempre aberta. Não habitamos o mundo apenas poética e transcendentalmente, mas também prosaica e imanentemente.

Esta integração nos torna mais sensíveis aos outros, em suas luzes e em suas sombras, mais compassivos com seus limites, mais solidários em suas dores, mais capazes de amor em sua capacidade de sair de si e se autotranscender.

As pseudotranscendências exploram essa dimensão do ser humano, mas não lhe dão a experiência de uma plenitude duradoura. A viagem não pode ser efeito da química, mas consequência de escuta de sua própria identidade, de um caminho espiritual mais longo, no qual se domesticam, passo a passo, os demônios interiores, canalizando sua energia para o amadurecimento e para uma experiência mais global da peregrinação neste mundo. Estes demônios interiores não desaparecerão, mas serão colocados sob vigilância, para que não ganhem hegemonia nem invadam totalmente nossa consciência, mas para que sejam o transfundo de sombra que realça a luz, a força da saúde que cura a doença e permite à vida irradiar. Essa é a experiência de transcendência fecunda, verdadeiramente humanizadora.

VII
Desejo e transcendência

Vamos enriquecer nossa reflexão sobre a transcendência com o tema do desejo. Somos todos seres desejantes. Talvez a experiência do desejo seja a mais imediata de nós mesmos e, ao mesmo tempo, a mais profunda. Tanto Aristóteles quanto Santo Agostinho e Freud colocaram o desejo como eixo fundamental para entender o motor interno do ser humano.

A nossa estrutura de base é feita de desejo. Pertence à dinâmica do desejo não ter limite. Porque nós não desejamos só isso e aquilo. Desejamos tudo. Desejamos a imortalidade. Não queremos só viver muito. Queremos viver sempre. E nos frustramos porque, lógico, o princípio da realidade nos mostra que somos mortais. Porque vamos morrendo devagarinho, em prestações, cada dia um pouco, até acabar de morrer.

Mas o nosso desejo, ele é sempre virgem, sempre quer viver, quer prolongar a vida, quer transcender a morte. O que a pseudotranscendência faz é manipular essa estrutura de desejo, é investir toda sua potencialidade de desejo numa única coisa, numa parte, confundindo-a com o todo.

Quem vê a propaganda, por exemplo, do cigarro Marlboro®, tem a impressão de estar diante de um sacramento da Igreja Católica. Segundo o catecismo, o sacramento age *ex opere operato*, quer dizer, age infalivelmente, independente das condições subjetivas da pessoa. Isso significa: quem fuma Marlboro® está sempre acompanhado de mulheres esplêndidas, dirige uma Ferrari® luzidia e passeia por paisagens soberbas. O cigarro Marlboro® quer passar esta experiência de excelência e singularidade.

Mas ocorre que as meninas bonitas e inteligentes não querem saber de fumo nem que se fume perto delas. Os carros da Ferrari® são comprados com o dinheiro lavado das drogas. Essas experiências, as paisagens belíssimas e as mulheres, estão apenas no imaginário. Criam a ilusão da realidade. Fetichiza-se o cigarro com o engano conscientemente produzido de que o simples fumar esta marca já produz automaticamente a felicidade. A felicidade é identificada com a posse de um objeto que se apresenta como o grande e único objeto, quando, na verdade, é um entre tantos.

O desejo não se exaure com este ou aquele ser, com esta ou aquela realidade, como uma marca de cigarro, com um automóvel, com a montagem de uma peça de teatro, com a publicação de um livro ou a conquista de uma mulher maravilhosa. O desejo somente se contenta com o ser e não com o ente. Quer o todo e não apenas a parte. Com o nosso desejo devemos passar pelas partes, mas ir adiante e chegar ao todo.

O obscuro objeto do desejo humano, portanto, não é este ou aquele ser, este tipo de vida, mas a totalidade do ser e a plenitude da vida.

Vivemos no finito. Tudo o que tocamos é limitado. Mas nosso desejo é infinito e ilimitado, coisa que os pensadores clássicos sempre disseram e Freud comprovou psicanaliticamente.

Para mantermos nossa coerência com a transcendência, é preciso alimentar nossa abertura infinita. Quando identificamos a parte com o todo – o ser com uma das concretizações do ser que chamamos ente – então nos vem a ilusão do fetiche, o equívoco do endeusamento, a queda na idolatria e o sentimento de vazio e frustração.

Uma das funções importantes da razão crítica é "desconstruir" as metafísicas, desfazer os imaginários construídos em função de interesses de grupos e confrontar o ser humano com a sua realidade fontal sempre transcendente e imanente, com sua ex-istência histórica.

Num outro código podemos dizer que cada ser humano carrega estas duas dimensões, o sim-bólico e o dia-bólico. Elas não são defeitos, mas marcas de nossa situação concreta. Na teologia do tempo de Santo Agostinho se dizia: cada um é Adão e Cristo simultaneamente. Dizia-se também: a Igreja é simultaneamente meretriz e virgem ou é uma "casta meretriz". É meretriz porque sucumbe ao peso do pecado. É virgem porque, perdoada, sempre retoma sua fidelidade ao esposo.

Eu pessoalmente trabalhei com a metáfora da águia e da galinha como expressões da condição humana, transcendente e imanente. Somos como galinhas, engaiolados numa determinada situação existencial, profissional, econômica, afetiva. Rastejamos no chão e devemos ser concretos em nossos projetos de vida. E simultaneamente somos águias, chamados às alturas, voando alto e enfrentando ventos e tempestades.

Somos ambas as coisas, águias e galinhas. O desafio é sermos pessoas de síntese, capazes de integrar as duas dimensões, que parecem se opor, mas que, na verdade, se compõem, pois são dimensões de nossa única e singular realidade. O lado direito se opõe ao lado esquerdo, mas ambos são partes do mesmo corpo. A atitude dialética é sentir-se, sem lamúrias, enraizado no chão da vida e simultaneamene aberto, jovialmente, à totalidade.

É uma síntese que nunca se fecha. Não é um círculo, mas uma parábola que possui dois pontos de equilíbrio. Sustentá-la permanente faz nossa existência dinâmica, dramática e fascinante. Não seremos deuses, mas simplesmente humanos.

VIII
Qual é, finalmente, o obscuro objeto do desejo?

Nós nos referimos ao ser humano como um ser situado e ao mesmo tempo aberto em totalidade, um ser desejante. Há um vazio nele do tamanho de Deus, pois nada do que encontra em sua experiência empírica o preenche. Quer a totalidade e somente encontra fragmentos.

Eis que surge uma questão filosófica: Qual é o objeto que preenche seu vazio? O que lhe satisfaz e lhe traz o descanso buscado? Que realidade é conatural à sua dimensão infinita?

Aqui se revela o ser humano como um eterno protestante, sempre insatisfeito, um projeto infinito. Não há psicologia nem método terapêutico algum que o possa curar. Sua angústia infinita não é curável. Não é deficiência, mas singularidade.

Este mal infinito constitui sua grandeza, seu dinamismo, sua ex-istência. Somente a partir desta sua ex-centricidade o ser humano encontra seu "equilíbrio desequilibrado".

Na busca de resposta a estas questões surgem três atitudes principais, não as únicas, que convém considerar.

Uma é a da recusa. Houve pensadores, como Jean-Paul Sartre, que se recusaram a acolher o objeto exigido pela transcendência. Para ele, o desejo infinito permanece, mas sem objeto adequado. A existência humana aparece como contraditória e uma paixão absurda.

Curiosamente, na terceira parte de seu livro mais conhecido – *O ser e o nada* – Sartre aborda a transcendência num capítulo denso e longo. Aí, fundamentalmente, afirma o que venho expondo ao longo destas reflexões, quer dizer, que o ser humano é um ser em si e, ao mesmo tempo, um ser para o outro e que se abre à totalidade. Esta é a *condition humaine* básica.

Mas ele se recusa a aceitar que esta abertura se oriente para um objeto que lhe seja adequado. É uma mola distendida para o universo. Sua grandeza e também sua angústia é acolher esta situação de abertura mesmo sem objeto definido.

A segunda atitude é de distanciamento. É a atitude de muitos de nossos intelectuais que são agnósticos. Reconhecem a abertura ilimitada do ser humano, mas afirmam nossa impossibilidade de realizá-la ou de conhecer seu objeto (é o sentido de agnóstico). Por isso não querem definir-se face a ela. Não a negam nem a aceitam. Respeitam-na com nobre distanciamento. Preferem a indefinição que os mantém descompromissados, mesmo com as inseguranças e as angústias que tal atitude comporta.

Devemos entender essas pessoas porque, às vezes, fizeram experiências negativas na vida, se decepcionaram com aqueles que se apresentaram como portadores de transcendência. Há gurus e mestres, visões de mundo e filosofias de vida, religiões e caminhos espirituais que apresentam um transcendente tão à mão e simplório, cheio de receitas miraculosas, que não elevam as pessoas e não as fazem descobrir sua própria natureza essencial.

Importa também compreendê-los porque, não raro, escondem feridas mal curadas, perguntas em busca de respostas que ninguém lhas dá ou anelos frustrados ou imperfeitamente realizados.

Mas há uma terceira atitude, a da afirmação corajosa. É o caminho das religiões ou da sabedoria dos povos. Elas mostram uma inaudita ousadia de dar nome ao obscuro objeto do desejo humano. Chamam-no de Javé, de Alá, de Shiva, de Brahma, de Tao, de Olorum. Numa palavra, de Deus. Deus só tem sentido se significar a resposta existencial ao desejo radical do ser humano, à sua dimensão de transcendência.

Mas Deus não pode ser logo representado como um ente supremo e infinito. Isso seria cair na metafísica. Ele é por natureza mistério indecifrável, captado mais pela razão sensível e cordial e menos pela razão analítica e intelectual. Diante dele mais valem a reverência e o nobre silêncio que as muitas palavras, as doutrinas e os ritos pelos quais queremos, de certa forma, enquadrá-lo dentro de nossa compreensão. Esse Deus *ex maquina* que vem de fora não preenche nosso vazio e nossa ânsia por plenitude. Ele não se apresenta com as características que nosso desejo infinito demanda para serenar e, enfim, repousar.

Todas as tradições místicas, do Oriente e do Ocidente, falam assim de Deus, na linguagem do mistério inefável ou na forma do amor, outra expressão do inefável. São Francisco de Assis e São João da Cruz experimentaram o esponsal de amor com Deus. Bela é a estrofe 11 do *Cântico espiritual* de São João da Cruz que diz: "Mostra tua presença! Mata-me a tua vista e formosura. Olha que esta doença de amor não se cura a não ser com a presença e a figura".

Outro grande poeta do amor é o sufi muçulmano Rumi, contemporâneo de São Francisco, embora nunca tivessem se encontrado. Em um belo poema diz: "Tu, único Sol, vem! Sem ti as flores murcham, vem! Sem ti o mundo não é senão pó e cinza. Este banquete, esta alegria, sem ti são totalmente vazios, vem!"

Outro de grande beleza emocional é este: "O teu amor veio até meu coração e partiu feliz. Depois retornou, vestiu a veste do amor, mas mais uma vez foi-se embora. Timidamente lhe supliquei que ficasse comigo ao menos por alguns dias. Ele se sentou junto a mim e se esqueceu de partir".

As tradições místicas testemunham que, em nossa radicalidade, no mais profundo de nós mesmos, habita aquele Sol irradiante, aquilo que nós chamamos Deus. Tarefa do ser humano, na sua meditação, é passar do "Deus" que temos em nossas metafísicas, em nossas representações, para o Deus que somos na nossa profunda radicalidade.

São João da Cruz, em vários lugares dos seus escritos, diz: "Nós somos Deus, Deus por participação". Santa Teresa repete em suas obras a mesma coisa.

Com isso, o ser humano – projeto infinito, abertura ao todo – identifica, finalmente, o objeto adequado ao seu impulso interior. Agora entendemos a experiência de Santo Agostinho em suas *Confissões*: "Tarde te amei, ó Beleza tão antiga e tão nova, tarde te amei. / Eis que estavas dentro de mim, e eu lá fora a procurar-te! / Estavas comigo e eu não estava contigo. / Eu tenho sede e fome de ti. / Tu me tocaste e ardi no desejo de tua paz... / E nosso coração vive inquieto, enquanto não repousar em ti".

São Paulo, em Atos dos Apóstolos, dialogando com os pensadores gregos em praça pública, lhes anuncia o *Ignotus Deus* (Deus desconhecido). Na verdade, estava anunciando o Deus conhecido, pois, como dizia ele, "nele vivemos, nos movemos e existimos, porque somos também de sua linhagem". Quer dizer, há uma espécie de conaturalidade entre o infinito que ecoa em nós com o Infinito que encontramos no mistério de Deus. Para Ele nunca vamos, dele nunca saímos, porque estamos sempre dentro dele. Mas os gregos foram vítimas de sua metafísica e haviam esquecido esse Deus vivo. Colocaram em seu lugar conceitos e imagens de Deus.

Este é o pensamento radical, a experiência de fundo que subjaz a todos os caminhos espirituais e a todas as religiões e que representa a secreta Energia que move para cima e para frente a existência humana. Esta Energia funda a capacidade permanente de transcendência do ser humano. Efetivamente, ele somente encontra um correlato a ele, em Deus mesmo, fonte de todo o ser. Aí então repousa e encontra o lar de sua identidade.

IX
O Deus desconhecido, presente em nossa vida

Neste contexto surge, significativa, a figura de F. Nietzsche. Foi um pensador angustiado que fez as mais contundentes críticas à metafísica do Ocidente. Ela aprisionara Deus dentro de suas malhas. Nietzsche anuncia a morte de Deus. Não de qualquer Deus, mas daquele construído pelas religiões e culturas, que perdeu seu mistério e por isso sua capacidade de reencantar a vida e de criar laços sociais. Em nome do Deus da experiência originária proclama em tons patéticos a morte do "Deus objetivado". Não é que Deus morre. Ele foi morto pelos seres humanos que perderam a memória de sua transcendência. Mas ele pode ressuscitar a partir do mergulho do ser humano nesta dimensão. Aí emerge o Deus do mistério, o Inefável, o Deus digno de nosso desejo infinito.

Ele fez um pequeno poema de grande beleza e profundidade em que aparece esse Deus transcendente ligado à transcendência humana. Ele o intitulou *Ao Deus desconhecido*[1].

---

1. Friedrich Nietzsche (1844-1900) em *Lyrisches und Spruchhaftes* (1858-1888). O texto em alemão, a seguir, pode ser encontrado em *Die schönsten gedichte von Friedrich Nietzsche* (Zurique: Diogenes Taschenbuch, 2000, p. 11-12) ou em *F. Nietzsche gedichte* (Zurique: Diogenes Verlag, 1994): *Noch einmal eh ich weiterziehe / Und meine Blicke vorwärts sende / Heb ich vereinsamt meine Hände / Zu dir empor, zu dem ich fliehe, / Dem ich in tiefster Herzentiefe / Altäre feierlich geweiht / Dass allezeit / Mich seine Stimme wieder riefe. // Darauf erglühet tiefeingeschrieben / Das Wort: Dem*

Antes de prosseguir o meu caminho
E lançar o meu olhar para frente
Uma vez mais elevo, solitário, minhas mãos a ti,
Na direção de quem eu fujo.

A ti, das profundezas do meu coração,
Tenho dedicado altares festivos,
Para que em cada momento
Tua voz me possa novamente chamar.

Sobre eles está profundamente gravada em fogo
Esta palavra: ao Deus desconhecido.
Seu sou eu, embora até agora
Me tenha associado aos sacrílegos.

Seu sou eu – e sinto que os laços
Lutando me puxam para baixo
E mesmo fugindo
Me obrigam a pôr-me a seu serviço.

Eu quero te conhecer, ó Desconhecido!
Tu que, fundo, tocas a minha alma
E qual turbilhão sacodes minha vida.
Tu Incompreensível, meu Semelhante.
Quero te conhecer e até te servir.

Aqui aparece claro o significado profundo da transcendência e sua mais alta expressão na experiência do Deus vivo. Bem dizia Pascal: "É o coração que sente Deus, não a razão".

---

unbekannten Gotte: / Sein bin ich, ob ich in der Frevler Rotte / Auch bis sur Stunde bin geblieben: / Sein bin ich – und ich fühl'die Schlingen, / Die mich im Kampf darniederziehen / Und, mag ich fliehn / Mich doch su seinem Dienste zwingen. // Ich will Dich kenne Unbekannter, / Du tief in meine Seele Greifender, / Mein Leben wie ein Sturm Durchschweifender, / Du Unfassbarer, mir Verwandter / Ich will dich kennen, selbt dir dienen.

X
Transdescendência e transparência: a singularidade do cristianismo

Quais as consequências mais imediatas de tomarmos consciência da transcendência? Importa recordar que transcendência não é algo que temos ou não temos. Todos são portadores de transcendência. Mas nem todos tomam consciência e criam espaço para que ela emerja como tal na vida e na sociedade.

A primeira consequência é o sentimento de profunda liberdade interior. Sentimos que ninguém nos pode coagir a nada. Mesmo que alguém esteja sob ferros, é um livre porque é de sua essência ser livre. Com o pensamento, o coração e a imaginação ele habita todos os espaços e está no universo.

A segunda é que podemos relativizar todas as coisas. Nenhuma delas realiza tudo, nenhuma frase, nenhuma doutrina diz tudo da realidade. Sempre há virtualidades escondidas que podem fazer sua emergência. É assim também no processo da evolução. Ela não é linear, mas faz rupturas e dá saltos para inaugurar o novo e permitir que novas ordens surjam e façam a sua história.

Por isso, há um lado bom em todo o relativismo, pois negamos que alguma realidade dada se apresente como absoluta, como se estivesse fora do tempo e da história. Isso vale também para a verdade. Ela está sempre presente e se revelando às consciências, mas com seu ritmo e tempo próprios. Geralmente, quando alguém apresenta alguma verdade como absoluta, esta verdade é apenas a sua que é imposta a todos os demais.

Com razão dizia o poeta espanhol Antonio Machado: "Não a tua verdade. A verdade. Venha comigo e busquêmo-la juntos. A tua guarde-a". Com isso não se nega a verdade, mas não se aceita a apropriação da verdade por alguns, excluindo dela os outros. Todos habitam, de um modo ou de outro, a casa da verdade. Todos são iluminados por ela. Por isso todos devem sempre de novo buscá-la para crescerem na verdade.

Por fim, a transcendência cria espaço para o humor e a leveza. Pois ela desmascara os arrogantes e pretensiosos e mostra que tudo é relativo, quer dizer, tudo está ligado a tudo, ligado também a Deus e ninguém pode negar-se a esta ligação/relação.

Depois, diante da Última Realidade, todas as coisas são relativas e estão num patamar não absoluto. Só a Última Realidade pode ser apresentada como absoluto. Com a transcendência, podemos sorrir e manter o bom humor, porque o mal nunca detém a última palavra e a esperança sempre renasce.

Esta experiência de transcendência desdramatiza nossos problemas existenciais. Eles são partes da condição humana e não têm condições de serem totais. A transcendência nos permite estar para além deles. Ela mantém vivo em nós o princípio-esperança, aquele motor que permanentemente nos projeta paisagens diferentes, mundos ainda não concretizados, sonhos e utopias que abrem o horizonte da vida na direção do futuro. Oscar Wilde ponderou com razão: "Um mapa do mundo que não inclua a utopia não é digno de ser consultado. Ele ignora o único território em que a humanidade sempre atraca para depois partir de novo em busca de terras ainda melhores".

Abordemos agora um caso singular de compreensão da transcendência, aquela do cristianismo. Ela na verdade prefere entender a transcendência como trans-descendência e em seguida como transparência.

Normalmente quando pensamos em transcendência nosso pensamento é levado para cima ou para além, bem na tradição da metafísica grega, cuja crítica fizemos anteriormente. A experiência cristã se refere à descida de Deus e à encarnação do Verbo como um processo de *kénose*, palavra grega que expressa rebaixamento e até autoaniquilação.

De fato, a singularidade da forma de nomear Deus do cristianismo é pelo caminho da humildade. Todas as religiões falam do Deus grande, Onipotente e Senhor do céu e da terra. O cristianismo prefere o Deus que se fez pequeno, uma criança que chora entre o boi e o burrinho, que viveu como artesão e camponês mediterrâneo, que circulou entre pobres e morreu desnudo pregado na cruz. Seu nome é Jesus. São Paulo fala que Ele, que estava no mais alto, desceu até o mais baixo, até a dimensão escura e abissal do inferno. Portanto, o Deus que conheceu a transdescendência.

É um Deus que se identificou com "aqueles que não são", que estão no nível mais baixo da sociedade, os pobres, os famintos, os sedentos e os nus. "O que tiverdes feito ou deixastes de fazer a algum desses que são meus irmãos e irmãs menores, foi a mim que o fizestes ou o deixastes de fazer".

Quem viveu essa transdescendência, escuta as palavras benditas: "Vinde, benditos do meu Pai, e herdai o Reino que vos foi preparado desde o começo do mundo".

O verdadeiro amor é aquele que faz o mesmo percurso: se abaixa e desce até o outro caído na estrada, como o fez o bom samaritano. Nós não devemos nos ajoelhar diante de ninguém. Somente diante daquele que foi reduzido a não gente, para reerguê-lo e devolver-lhe a humanidade negada.

Esta transdescendência se ordena à transcendência e à salvaguarda de sua sanidade. Ela se faz concreta e não se transforma num conceito abstrato.

Com isso o cristianismo conseguiu operar a convivência da transcendência com a imanência. Elas se interpenetram mutuamente, sem se misturarem e perderem a sua identidade.

Daí resulta a transparência. Transparência é a transcendência dentro da imanência, sem perder-se como transcendência nem anular a imanência. Essa mútua presença faz a transparência, categoria tipicamente cristã que encontrou em Jesus, Verbo encarnado, seu lugar de verificação. Neste homem concreto (imanência) se encontra totalmente presente o Verbo de Deus (transcendência). Por isso Jesus podia dizer: "Quem vê a mim, vê o Pai". Ele se fazia transparente ao Pai.

Portanto, o próprio do cristianismo não é pregar epifania de Deus, quer dizer, o Deus que vem e se autoanuncia. É a diafania, o Deus que de dentro emerge para fora e então se mostra.

Então, em termos concretos, significa poder ver a cada pessoa como templo vivo de Deus, melhor, como Deus mesmo nascendo de dentro de cada pessoa.

 ## Debates abertos

1) *A transcendência e a imanência são expressão do patriarcado?*

Resposta: Se tivesse sido epistemologicamente mais rigoroso, teria dito logo no início desta reflexão que falo como homem sobre cujos ombros pesam milênios de cultura patriarcal, dualista e fragmentada.

Na verdade, esta terminologia – imanência, transcendência – e outras dualidades se remetem à cultura dominante patriarcal, que marginalizou ou tornou irrelevante o modo singular de a mulher ler o mundo. Esta não se move por dualidades, pois elabora sua experiência de vida de forma mais holística, includente e globalizadora.

Nós homens pensamos com a cabeça. A mulher pensa e sente com a totalidade de seu ser. Por isso, por sua natureza, ela está mais próxima do pensamento originário ao qual nos referíamos ao longo de nossa reflexão. Daí que ela está também mais próxima à vida com sua lógica complexa e totalizadora. É mais afim à cooperação do que à competição, mais à inclusão que separação. Ela leva ao mundo do trabalho os valores singularmente (embora não exclusivamente) femininos: o cuidado, o espírito cooperativo, o diálogo e a busca de solução ganha-ganha.

Minhas reflexões pretendiam desconstruir essa divisão e oposição entre transcendência e imanência e chegar ao grau zero do pensamento e da realidade que é a experiência da ex-istência histórica. Portanto, estou mais próximo da dimensão da *anima* (feminino) que do *animus* (masculino).

Estimo que o grande desafio do século XXI seja a construção de um novo pacto de gênero, uma nova aliança entre o homem e a mulher, superando a secular guerra dos sexos. Mais e mais entendemos as pessoas não por seu sexo, mas pelas qualidades pessoais e por suas opções de vida. Entendendo o masculino e o feminino como dimensões de cada pessoa (homem e mulher), teremos melhores condições para uma integração maior das diferenças, permitindo uma experiência mais completa do ser humano em sua complexidade, diversidade e unidade.

2) Poderia aprofundar, em termos analíticos, a questão da imanência, da transcendência e da transparência?

Resposta: Para um entendimento mais fácil, tomemos como referência o discurso religioso. Quando as religiões falam de Deus, dizem que Ele "vive numa luz inacessível" e situa-se na transcendência, inalcansável aos seres humanos. Deus é tão outro que tudo o que dizemos dele é mais mentira que verdade. O melhor é calar ou apenas sorrir nobremente como Buda.

A segunda forma de referir-se a Deus é pela imanência. Deus é experimentado de forma tão intensa que ele se anuncia em cada coisa e na história humana. Assim vem enraizado dentro do mundo. Tudo se torna um sacramento dele. E é chamado por mil nomes.

A terceira forma de falar é pela transparência. Busca-se um caminho intermédio. Deus não pode ser só transcendente, pois, se assim fosse, como saberíamos dele? Ele deve ter alguma relação com o mundo. Anunciar um Deus sem o mundo faz fatalmente nascer um mundo sem Deus. Também não pode ser só imanente, tão misturado com as coisas que acaba sendo uma parte deste mundo. Se Deus existe como as coisas existem, já diziam os medievais, então Deus não existe. Ele é a sustentação do mundo e não parte dele.

É aqui que tem sentido a transparência. Ela afirma que a transcendência se dá dentro da imanência sem perder-se nela, caso contrário não seria realmente transcendência. E a imanência carrega dentro de si a transcendência porque comparece sempre como uma realidade aberta a indefinidas conexões. Quando isso ocorre, a realidade deixa de ser transcendente ou imanente. Ela se faz transparente. Encerra dentro de si a imanência e a transcendência.

Tomemos o exemplo da água. A água é água, jorrando da fonte (imanente). Mas é mais que água. Simboliza também a vida e o frescor (transcendente). Ao transformar-se em símbolo de vida e frescor, a água se torna transparente para estas realidades. E o faz por ela mesma e nela mesma.

Essa talvez seja a forma mais sensata de falar sobre Deus e a partir de Deus. Na forma do paradoxo. Por um lado, devemos afirmar que todas as nossas palavras são inócuas. De Deus não podemos fazer nenhuma imagem adequada. Por outro, não podemos dizer que Deus é o totalmente indeterminado, qualquer coisa vaga, um fundo sem fundo. A realidade de Deus (não sua imagem) é um concreto concretíssimo, o ser em plenitude, portanto uma realidade concreta, mas sempre para além de qualquer concreção dada. Ele é representado pela água, mas não é água. A água é um sacramento e um símbolo de Deus. Identificar água e Deus é cair na idolatria, fundir imanência com transcendência sem respeitar as diferenças.

Nesse paradoxo, a transparência ganha relevância. Como dissemos na reflexão, Jesus, Verbo encarnado, é a realização clara da transparência. Ele é um camponês/artesão mediterrâneo (imanente), mas viveu de tal modo (transparente) que nos permitiu entrever Deus (transcendente). "Quem vê a mim, vê o Pai".

Como? Na forma como se dirigia a Deus, chamando-o de "Paizinho querido" (*Abba*), o que supõe que se sentia seu filho. Depois, agindo de maneira a conformar sua existência a uma pró-existência, vida para os outros, especialmente, para os últimos e desprezados. O que disse e fez, foi para nos induzir a ter a mesma atitude que Ele teve. Assim descobriremos que somos também filhos e filhas, em comunhão com Ele, que se fez transparente para Deus, não rebaixando os que vieram antes dele, mas radicalizando seu dinamismo, fazendo-se um ponto referencial.

Deus, então, não deixa de estar no mundo, mas sempre para além dele.

3) Várias vezes os místicos foram evocados e se fizeram algumas críticas às religiões como produtoras de metafísica, da objetivação da transcendência. Parece que a mística está mais do lado do pensamento originário e as religiões mais do lado da representação, quer dizer, da metafísica. Como se articula mística com religião?

Resposta: Todas as coisas têm seu outro lado. Captar o outro lado das coisas e dar-se conta de que o visível é parte do invisível: eis a obra da mística.

Que é mística? Ela deriva de mistério. Mistério não é o limite do conhecimento. É o ilimitado do conhecimento. Conhecer mais e mais, entrar em comunhão cada vez mais profunda com a realidade que nos envolve, ir para além de qualquer horizonte é fazer a experiência da transcendência, no seu termo, do mistério. Tudo é mistério: as coisas, cada pessoa, seu coração e o inteiro universo.

O mistério não se apresenta aterrador, como um abismo sem fundo. Ele irrompe como voz que convida a escutar mais e mais a mensagem que vem de todos os lados, como apelo sedutor para se mover mais e mais na direção do coração de cada coisa. O mistério nos mantém sempre na admiração até ao fascínio, na surpresa até à exaltação. Para a pessoa religiosa, esta voz que vem do profundo de nós mesmos é a voz do próprio Deus.

Mística significa, então, a capacidade de sentir e de se comover diante do mistério de todas as coisas. Não é pensar as coisas, mas sentir as coisas tão profundamente que percebemos o mistério fascinante que as habita, de onde jorram e que as sustenta.

Mas a mística revela a profundidade de sua significação, quando captamos o elo misterioso que une e re-une, liga e re-liga todas as coisas fazendo que sejam um Todo ordenado e dinâmico. É a Fonte originária da qual tudo promana e que os cosmólogos denominam com o nome infeliz de "vácuo quântico".

As religiões ousaram chamar de Deus a esta realidade fontal. Não importam os mil nomes, Javé, Pai, Tao, Olorum. O que importa é sentir sua atuação e celebrar a sua presença.

Mística não é, portanto, pensar *sobre* Deus, mas sentir Deus em todo o ser. Mística não é falar *sobre* Deus, mas falar a Deus e entrar em comunhão com Deus. Quando rezamos, falamos com Deus. Quando meditamos, Deus fala conosco. Viver esta dimensão no cotidiano é cultivar a mística.

Ao traduzirmos essa experiência inominável, elaboramos doutrinas, inventamos ritos, prescrevemos atitudes éticas. Nascem então as muitas religiões. Atrás delas e nos seus fundamentos há sempre a mesma experiência mística, o ponto comum de todas as religiões. Todas elas se referem a esse mistério inefável que não pode ser expresso adequadamente por nenhuma palavra que esteja nos dicionários humanos.

Cada religião possui sua identidade e o seu jeito próprio de dizer e celebrar a experiência mística. Mas como Deus não cabe em nenhuma cabeça, pois desborda de todas elas, podemos sempre acrescentar algo a fim de melhor captá-lo e traduzi-lo para a comunicação humana. Por isso as religiões não podem ser dogmáticas e sistemas fechados. Quando isso ocorre, surge o fundamentalismo, doença frequente das religiões, como em setores importantes do cristianismo e do islamismo.

A mística nos permite viver o que escreveu o poeta inglês William Blake: "Ver um mundo num grão de areia, um céu estrelado numa flor silvestre, ter o infinito na palma de sua mão e a eternidade numa hora". Eis a glória: mergulhar naquela Energia benfazeja que nos enche de sentido e alegria.

4) Foi dito na reflexão que quando alguém vive conscientemente a dimensão de transcendência não só relativiza todas as coisas, mas também ganha senso de humor. Daria para explicitar melhor esta realidade do humor?

Resposta: É importante hoje em dia cultivarmos o humor. A realidade mundial e da maioria dos países, também dos centrais como os da Europa e os Estados Unidos, é sombria. Milhões sofrem por causa da quebra de um paradigma de civilização, assentada sobre o consumo material, a injustiça social e a depredação da natureza. Os prognósticos sobre o futuro da vida e da integridade de nosso planeta Terra não são nada róseos. Como manter, nestas condições, o bom humor?

Eu diria que, apesar dos absurdos existenciais, a maioria das pessoas não deixa de confiar na bondade fundamental da vida. Levanta-se pela manhã, vai ao trabalho, luta pela família, procura viver com um mínimo de decência (tão traída pelos políticos) e aceita enfrentar sacrifícios por valores que realmente contam.

O que se esconde por detrás de tais gestos cotidianos? Aí se afirma de forma pré-reflexa e inconsciente: A vida tem sentido. "Aceitamos morrer, mas a vida é tão boa", como disse, pouco antes de morrer, François Mitterand.

Sociólogos como Peter Berger e Eric Vögelin têm insistido em suas reflexões que o ser humano possui uma tendência inarredável para a ordem. Onde quer que ele emerja, cria logo um arranjo existencial com ordens e valores que lhe garantem uma vida minimamente humana e pacífica.

É esta bondade intrínseca da vida que permite a festa e o sentido de humor. Através da festa, no sacro e no profano, todas as coisas se reconciliam. Como afirmava Nietzsche, "festejar é poder dizer: sejam bem-vindas todas as coisas". Pela festa o ser humano rompe o ritmo monótono do cotidiano, faz uma parada para respirar e viver a alegria de estar-juntos, na amizade e na satisfação de comer e de beber. Na festa, o beber e o comer não têm uma finalidade prática de matar a fome ou a sede, mas de gozar do encontro e de celebrar a amizade. Na festa o tempo do relógio não conta e é dado ao ser humano, por um momento, vivenciar o tempo mítico de um mundo reconciliado consigo mesmo.

Por isso, inimigos e desconhecidos são estranhos no ninho da festa, pois esta supõe a ordem e a alegria na bondade das pessoas e das coisas. A música, a dança, a gentileza e a roupa festiva pertencem ao mundo da festa. Por tais elementos o ser humano traduz seu *sim* ao mundo que o cerca e a confiança em sua harmonia essencial.

Esta última confiança dá origem ao senso de humor. Ter humor é possuir a capacidade de perceber a discrepância entre duas realidades: entre os fatos brutos e o sonho, entre as limitações do sistema, que chamaríamos imanência, e o poder da fantasia criadora, que denominaríamos de transcendência. No humor ocorre um sentimento de alívio face às limitações da existência e até das próprias tragédias.

O humor é sinal da transcendência do ser humano que sempre pode estar para além de qualquer situação. No seu ser mais profundo é um livre. Por isso pode sorrir e ter humor sobre as maneiras pelas quais o querem enquadrar, sobre a violência com a qual se pretende submetê-lo. Somente aquele que é capaz de relativizar as coisas mais sérias, embora as assuma num efetivo engajamento, pode ter bom humor.

O fundamentalista e o dogmático não possuem humor. Ninguém viu um terrorista sorrir ou um severo conservador cristão dar uma gargalhada. Geralmente são tão tristes como se fossem ao próprio enterro. Basta ver seus rostos crispados. Não raro são reacionários e até violentos.

Em última instância, a essência secreta do humor reside numa atitude religiosa, mesmo esquecida no mundo profano, pois o humor vê as realidades todas em sua insuficiência diante da Última Realidade. O humor e a festa revelam que há sempre uma reserva de sentido que nos permite ainda viver e sorrir e repetir os versos do poeta português Fernando Pessoa: "Valeu a pena? Tudo vale a pena se a alma não é pequena".

5) *A transcendência vivida existencialmente é fonte de utopias, como foi afirmado na reflexão. A partir de onde emerge hoje em dia o horizonte utópico?*

Resposta: Face ao desamparo que grassa na humanidade atual, faz-se urgente resgatar o sentido libertador da utopia. Na verdade, vivemos no olho de uma crise civilizacional de proporções planetárias. Toda crise oferece chances de transformação bem como riscos de fracasso. Na crise, medo e esperança se mesclam, especialmente agora que estamos já dentro do aquecimento global e da crise do processo de globalização de viés econômico-financeiro.

Precisamos de esperança. Ela se expressa na linguagem das utopias. Estas, por sua natureza, nunca vão se realizar totalmente. Mas elas nos mantêm caminhando. Bem disse o poeta gaúcho Mário Quintana: "Se as coisas são inatingíveis...ora! / Não é motivo para não querê-las / Que tristes os caminhos e se não fora / A mágica presença das estrelas".

A utopia não se opõe à realidade, antes pertence a ela, porque esta não é feita apenas por aquilo que é dado (imanência), mas por aquilo que é potencial (transcendência) e que pode um dia se transformar em dado. A utopia nasce deste transfundo de virtualidades presentes na história e em cada pessoa.

O filósofo Ernst Bloch cunhou a expressão *princípio-esperança*. Por princípio-esperança – que é mais que a virtude da esperança – ele entende o inesgotável potencial da existência humana e da história que permite dizer *não* a qualquer realidade concreta, às limitações espaçotemporais, aos modelos políticos e às barreiras que cerceiam o viver, o saber, o querer e o amar.

O ser humano diz *não* porque primeiro disse *sim:* sim à vida, ao sentido, aos sonhos e à plenitude ansiada. Embora realisticamente não entreveja a total plenitude no horizonte das concretizações históricas, nem por isso ele deixa de ansiar por ela com uma esperança jamais arrefecida.

Jó, quase nas vascas da morte, podia gritar a Deus: "mesmo que Tu me mates, ainda assim espero em ti". O paraíso terrenal narrado no Gênesis 2–3 é um texto de esperança. Não se trata do relato de um passado perdido e do qual guardamos saudades, mas é antes uma promessa, uma esperança de futuro ao encontro do qual estamos caminhando. Como comentava Bloch: "o verdadeiro Gênesis não está no começo, mas no fim". Só no termo do processo da evolução serão verdadeiras as palavras das Escrituras: "E Deus viu que tudo era bom". Enquanto evoluímos nem tudo é bom, só é perfectível.

O essencial do cristianismo não reside em afirmar a encarnação de Deus. Outras religiões também o fizeram. Mas é afirmar que a utopia (aquilo que não tem lugar) virou eutopia (um lugar bom). Em alguém, não apenas a morte foi vencida – o que seria ainda pouco –, mas todas as virtualidades escondidas no ser humano explodiram e implodiram. Jesus é o "Adão novíssimo" na expressão de São Paulo, o homem abscôndito agora revelado. Mas ele é apenas o primeiro dentre muitos irmãos e irmãs; nós seguiremos a Ele, completa São Paulo. Portanto, teremos destino semelhante ao dele.

Anunciar tal esperança no atual contexto sombrio do mundo não é irrelevante. Transforma a eventual tragédia da Terra e da humanidade, devido às ameaças sociais e ecológicas, numa crise purificadora. Vamos fazer uma travessia perigosa, mas a vida será garantida e o planeta ainda se regenerará.

Os grupos portadores de sentido, as religiões e as igrejas cristãs devem proclamar de cima dos telhados semelhante esperança. A grama não cresceu sobre a sepultura de Jesus. A partir da crise da Sexta-feira da Crucificação, a vida triunfou no Domingo da Ressurreição. Por isso a tragédia não pode ter a última palavra. Esta a tem a vida em seu esplendor solar. Não devemos deixar que estes pensamentos fiquem apenas como utopias e sonhos. Importante é começar a realizá-los. Pois é esta realização que faz a esperança não ser apenas algo escatológico, quer dizer, que vai se realizar no final dos tempos, mas também algo histórico e político a se realizar já aqui na Terra.

O cristianismo não promete apenas a vida eterna. Promete também um novo céu e uma nova Terra, nos dá esperança de que emergirá, no dia que somente Deus sabe, o homem novo e a mulher nova.

Segunda parte
O desafio do infinito: ciência e religião

I
A ciência do infinito interroga a Teologia

O tema do infinito é correlato àquele da transcendência. Hoje se constata vivo interesse por este tema que desafia o pensamento científico e também as religiões e a teologia.

Perguntamos: Tem a teologia cristã uma palavra a dizer sobre o infinito? E se tem, como articula sua reflexão? Estimo que podemos falar teológica e responsavelmente sobre o infinito de duas maneiras:

A primeira, *da ciência à Teologia*. Como reage a Teologia face aos dados das várias ciências que tratam do infinito, seja na Cosmologia, na Matemática, na Estética, na Filosofia? Em que medida tais visões desafiam a Teologia, ou melhor, de que forma são compatíveis ou não com a ideia que a Teologia cristã faz do infinito e sob que condições obrigam a Teologia a pensar e a repensar o infinito?

A segunda, *da Teologia à ciência*. Que relevância possui para a ciência aquilo que a Teologia especulou, ao longo de quase dois mil anos, sobre o infinito e sobre a Realidade Infinita, identificada com Deus?

Tentemos refletir sobre ambos os pontos de vista e, na medida do possível, articulá-los.

Há mais de 2.500 anos que os seres humanos se questionam se o universo é finito ou infinito. O pré-socrático Demócrito já havia colocado a questão do infinito. Bem mais tarde, Isaac Newton retomou a discussão e considerava o universo infinito "o sistema sensorial de Deus". Giordano Bruno se notabilizou pelo seu livro *De l'infinito universo*, onde propõe visões do infinito, julgadas heréticas pela Inquisição que o mandou queimar vivo em 1600. Depois disso, a ideia do infinito é sempre de novo suscitada.

Todas as especulações tinham um caráter abstrato e teórico, pois sua base empírica era pouco sustentável. Se tudo o que experimentamos é finito, contingente e temporal, como podemos conceber o infinito?

A partir do momento em que Galileu Galilei, em 1609, começou a inventar telescópios que aumentavam o tamanho das coisas até trinta vezes e permitiu ver estrelas que não se podiam ver antes a olho nu, entrou em discussão a ideia do universo infinito. Kepler, que era, além de astrônomo, um pensador e um místico, colocou seriamente a questão do infinito. Para ele o Pai era o Sol, as estrelas eram o Filho e as bordas do universo o Espírito. Como Deus-Trindade é infinito, ele projeta sua infinitude no inteiro universo.

Hoje o infinito é uma ideia recorrente na comunidade científica: haveria um número infinito não só de estrelas, mas também de universos. Portanto, deveríamos falar em vez de uni-versos em pluri-versos (cf. MORRIS, R. *Uma breve história do infinito*. Rio de Janeiro: Zahar, 1998).

O argumento maior nos vem da Mecânica Quântica. Ela trabalha com o mundo das probabilidades e das virtualidades. Por sua natureza, estas são ilimitadas e infinitas. Algumas se realizam e nós as percebemos. Nada impede que outras, em outros níveis e mundos (teoria dos mundos paralelos), também se realizem sem que nós as percebamos ou até sequer se realizem e permaneçam como probabilidades.

Junto a essa reflexão, importa inserir a visão que nos vem da nova Cosmologia. Ela parte do *big-bang* como o início deste universo por nós conhecido. Podemos, pela captação das ondas de rádio de 3 kelvin[2], constatar o último eco desta explosão primordial. Medindo a luz que vem das galáxias mais distantes pelo efeito Doppler, concluímos que tal evento ocorreu há 13,7 bilhões de anos. Mas nada impede que tenha havido infinitos *big-bangs* dando origem a outros universos ou a retomadas deste mesmo universo.

Por fim, a moderna cosmologia regrediu a algo anterior ao *big-bang*. Este seria já a manifestação de algo mais fundamental: o *vácuo quântico*, aquele abismo de possibilidades e de energias, das quais o *big-bang* seria apenas uma das manifestações. Deste vácuo quântico poderiam irromper um número infinito de universos paralelos ao nosso (teoria das cordas) e com outras formas de complexidade e de vida. Nada disso repugna a uma concepção racional do ser.

Não temos provas empíricas destes pluriversos. Mas imagina-se que eventualmente os buracos negros poderiam ser lugares de passagem para eles. Haveria um "buraco de minhoca" (esse é o termo técnico usado) que possibilitaria a passagem de um universo a outro.

Eventualmente, estaríamos sendo visitados por seres destes universos, dos quais os fenômenos de objetos não identificados e discos voadores poderiam ser sinais. Aquilo que a Psicologia transpessoal pretende captar seriam comunicações vindas desses outros mundos (Pierre Weil, J.-Y. Leloup e R. Crema chamam de Transcomunicação).

---

2. Temperatura baixíssima, apenas 3°C acima do frio absoluto, que é de -273°C [N.Ed.].

Todos estes dados não são incompatíveis com a ideia de Deus, pelo menos de uma concepção filosófico-teológica de Deus. Ele vem representado como o Ser supremo e infinito, em si inefável e misterioso, mas sendo a realização de todas as possibilidades no modo do infinito. Nada repugna que Ele poderia teoricamente criar universos infinitos.

Esse foi, na verdade, o argumento de Giordano Bruno e pelo qual foi condenado: Se Deus é infinito como a fé afirma, dizia ele, então criar mundos infinitos é adequado à sua natureza infinita.

II
A Teologia sobre o infinito desafia a ciência

Na Teologia contemporânea pouco se tem refletido tematicamente sobre o infinito. Encontra-se algo naqueles poucos teólogos que dialogam com a nova Cosmologia, como Thomas Berry (*The Universe Story*, 1988) e Paul Davies, que escreveu um belo livro sobre o infinito: *Deus e a nova física* (Lisboa: Ed. 70, 1988, p. 26-36).

Mas há, na tradição teológica, um teólogo franciscano genial e sutil (chamado de *doctor subtils*), João Duns Scotus († 1308), que se abismou nesta questão do infinito. Nasceu em 1265 na Escócia, foi professor em Oxford, Paris e Colônia, onde morreu com apenas 42 anos de idade. Sobre seu túmulo escreveram discípulos fascinados por sua profundidade: *Ante ruet mundus, quam exurgat Scotus secundus* (Ruirá o mundo antes que surja um Scotus segundo). Entre os modernos, conta-se Martin Heidegger, que escreveu sua tese doutoral de 1916 sobre "As categorias e a doutrina das significações de Duns Scotus".

Suas especulações foram recolhidas principalmente em sua obra *Opus oxoniense* e no tratado *De primo omnium rerum principio* (O primeiro princípio de todas as coisas), que citaremos oportunamente.

Como Duns Scotus coloca a questão do infinito? Apresenta uma visão filosófica completada por outra teológica.

Consideremos cada uma delas separadamente para em seguida articulá-las.

a) Visão filosófica do infinito

Duns Scotus não parte do *ser* como a maioria dos filósofos, como os gregos ou mesmo Martin Heidegger. Ele parte do *poder ser*. Sua reflexão se articula assim:

Se existe algo, então este é possível que exista. Se fosse impossível, não existiria. O que realmente existe é a possibilidade de ser.

E aqui vem a questão: quem faz com que se passe do possível ao real? Pelo nada, por si mesmo ou por algum outro ser?

Do nada não vem nada, por isso o nada fica descartado *a priori*.

Por si mesmo também fica descartado, porque não é possível que um ser dê a si mesmo a existência.

Resta por um outro ser. Se o outro ser é infinito, então já temos a resposta. Mas se o outro ser é finito, cabe também a pergunta: de onde ele vem? De outro? E esse outro? E o outro? Assim retrocederíamos ao número infinito, o que é impossível.

Então só nos resta ficar com o infinito, causador de todo ser. Ele é o verdadeiramente existente, origem de tudo que vem a partir dele.

A partir desta reflexão Scotus afirma: "A natureza da suprema realidade é ser infinito" (*Opus oxoniense*, I, d. 2, q. 2, n. 25-28).

Duns Scotus se pergunta: que é o infinito? Responde: "é aquilo que excede qualquer dado finito e isto, não na medida finita, mas além de toda medida finita determinável" (*Opus oxoniense*, I, d. 2, q. 2, n. 31).

Em outras palavras, a natureza da suprema Realidade, do primeiro Ser consiste em não conhecer limites no ser. Ele é um oceano infinito e ilimitado de ser. É o ser totalmente infinito. Ao ser não repugna a característica de infinito. Donde se deduz que o conceito de ser infinito é possível. Ora, se o ser infinito é possível, ele existe na realidade. Caso contrário não seria infinito.

Duns Scotus chega a afirmar: "A nossa inteligência não só não percebe nenhuma contradição no conceito de ser infinito, mas até descobre nesse ser infinito o mais perfeito de todos os objetos possíveis de serem conhecidos" (*Opus oxoniense*, n. 30). Se houvesse contradição no conceito de ser infinito, a nossa inteligência infalivelmente o perceberia e recusaria esta possibilidade de ser.

Por ser infinito, ele atrai para si todas as perfeições, mas no modo infinito. Ele é bondade, no modo do infinito, ele é amor, no modo do infinito, ele é beleza, no modo do infinito, e assim sucessivamente.

O infinito aqui não é uma quantidade (como números sem fim: isso na verdade é o indefinido, mas não ainda o infinito), mas uma qualidade. É o ser em plenitude, onde potencialidade e realidade coincidem, ou então é uma energia que continuamente opera sem entropia e desgaste, num dinamismo sem fim.

Para Scotus, o infinito é a característica suprema do ser ou de Deus. Todas as demais características podem ser encontradas nele. Mas sempre no modo de infinito. O infinito é, pois, o modo de ser próprio de Deus.

Nosso modo de ser é finito, temporal, passageiro, mortal. O modo de ser de Deus é infinito, eterno, imortal.

b) Visão teológica do infinito

A visão filosófica de Duns Scotus se abre à visão teológica. Ambas se articulam harmonicamente.

Como cristão, Scotus parte da Santíssima Trindade, do Deus comunhão de Pessoas divinas, Pai, Filho e Espírito Santo, e não da solidão do uno infinito.

Argumenta assim: o Pai se conhece a si mesmo em sua natureza infinita. Ele se faz uma ideia de si mesmo. Essa ideia é tão real e concreta que ela salta diante dele como Pessoa, a segunda Pessoa da Santíssima Trindade. É o Verbo, a imagem perfeita do Pai. O Pai não só gera uma imagem dele mesmo, mas gera também nessa imagem as infinitas outras imagens possíveis de si mesmo. São as ideias eternas de Deus-Pai. Elas são infinitas como Deus e têm a mesma natureza de Deus. São Deus.

Destas ideias infinitas, Ele escolhe algumas que podem ser criadas fora dele. Assim surge a criação que, por sua natureza, é finita. É parte daquelas infinitas. A primeira delas é o ser humano, homem e mulher. São finitos, mas são os seres que mais guardam a característica infinita de sua origem.

E entre os homens escolhe um, o homem Jesus, e entre as mulheres, uma, Maria. Para que eles, finitos, pudessem ser infinitos, excogitou unir a pessoa do Verbo que é infinito à natureza humana finita de Jesus. Assim Jesus vira infinito. Na expressão clássica do doutor subtil: "uma natureza não suma tem a suma glória" (*Opus oxoniense*, III, d. 7, q. 3, n. 5).

Eu, na esteira de Scotus, completaria que Maria, da mesma forma, na medida que, finita, recebe o infinito do Espírito e se transforma também em infinita.

Dito numa linguagem moderna: quando Deus quis se dar totalmente a alguém, quando Deus não quis ficar só

Deus, mas quis unir-se a alguém que não é Deus, quando isso ocorre, surge então aquilo que chamamos ser humano, homem e mulher. Somos Deus por assunção. E como Deus é infinito, terminamos também por ser infinitos por participação. Daí dizermos com razão: o ser humano é um projeto infinito.

Seria possível especular, na linha de Duns Scotus: poderia Deus fazer que o infinito número de ideias e imagens de si mesmo também pudessem ser todas trazidas à existência? Estimo que nada repugna a Deus. Sendo Ele a plenitude de possibilidades infinitas, poderia então surgir um número infinito de seres e universos, todos radicados lá na mente divina e projetados para fora do círculo trinitário infinito.

Haveria, pois, um infinito fora do Infinito, um infinito criado no interior de um processo divino infinito.

III
Consequências do infinito para o ser finito

Como aparece no ser humano finito a presença da dimensão de infinito? Duns Scotus e toda a tradição cristã afirmam: o ser humano é capaz do infinito (*capax infiniti*). Isto significa: o ser humano é um ser de total e absoluta abertura, um ser de transcendência, um projeto infinito.

a) Ser de abertura infinita

O ser humano é um ser não circunscrito a um *habitat* ou a um determinado espaço e tempo. Ele não conhece fronteiras. Esta é sua estrutura: aberto ao outro, ao mundo e à totalidade do ser. Por mais que se abra, sempre deixa um vazio que é a expressão de sua abertura insaciável.

Biologicamente é carente (Mangelwesen). Não possui nenhum órgão especializado. Para sobreviver deve se abrir ao mundo e transformá-lo. O que daí resulta é a cultura. Mas esta abertura ao mundo não se exaure nela mesma. Sente o apelo do todo e do infinito.

Qual é o objeto de sua abertura infinita? Só um objeto infinito faz silenciar seu grito infinito.

Exemplo desta busca sofrida é este poema metafísico:
> Sinto em mim um grande vazio
> Tão grande, do tamanho de Deus.
> Nem o Amazonas que é dos rios o rio
> Pode enchê-lo com os afluentes seus.

Tento, intento e de novo tento
Sanar esta chaga que mata.
Quem pode, qual é o portento
Que estanca esta veia ou a ata?

Pode o finito conter o Infinito
Sem ficar louco ou adoecer?
Não pode. Por isso eu grito

Contra esse morrer sem morrer.
Implode o Infinito no finito!
O vazio é Deus no meu ser!

b) O desejo infinito do ser humano

Já Aristóteles o vira e Freud o confirmou: a estrutura de base do ser humano é o desejo. O desejo possui a característica do *apeiron*, quer dizer, do indefinido e do totalmente aberto. É a irrupção do infinito. Desejamos não só isto e aquilo. Desejamos simplesmente tudo.

Na busca do objeto do desejo podemos cair em ilusões: contentar-nos com o ente, achar que este ente seja o infinito e que ele realize a totalidade. O impulso ao infinito se esgotaria num finito. Esse é o grande equívoco do ser humano, hoje em dia suscitado ferozmente pela propaganda comercial. O resultado é a insatisfação e o sentimento de frustração, porque lhe deram a ilusão do infinito, apresentando-lhe um objeto que, na verdade, não é infinito, mas finito e criação nossa.

Mas se mergulhar no Ser infinito, gozará de uma plenitude inimaginável que o faz cantar e dançar. Fará uma experiência de não dualidade e de fusão com o Ser (cf. WEIL, P. *Rumo ao infinito*. Petrópolis: Vozes, 2005).

c) Lugares privilegiados de experiência do infinito

Outro lugar da experiência do infinito é o espírito. O ser humano não possui apenas o corpo e a *psiqué*. É também portador do espírito, aquela dimensão pela qual se sente parte de um todo maior, se confronta com ele e pergunta por um sentido derradeiro de sua vida e do inteiro universo. O Espírito permite captar a interligação de todos os seres entre si, formando um cosmos cuja grandeza a um tempo o fascina e também o aterra. Pelo espírito capta o Espírito que atravessa, na forma de beleza, de sentido e de propósito, toda a criação, especialmente o ser humano consciente e livre. Para onde dirigir a atenção do espírito, descortina um horizonte sem horizonte, a infinitude do real, seu lado misterioso e não manipulável por nenhuma força ou vontade. Esta percepção o leva à contemplação e à reverência face ao mistério de todas as coisas e do Todo, do qual somos parte.

A prática espiritual e religiosa se constitui também num lugar privilegiado de encontro com o Infinito. As religiões se dirigem diretamente a Ele. Não podem nem devem objetivá-lo nem entificá-lo, como tem ocorrido com frequência na história. Isso seria um erro teológico. Mas a religião que se ampara numa experiência espiritual reconhece Deus em seu caráter de Mistério inefável que transcende cada palavra e ultrapassa toda a representação. Supera assim a metafísica e se alimenta do pensamento originário que se nutre do Ser e não dos entes.

A oração é a forma como o ser humano se dirige ao Ser infinito: suplica e agradece, lamuria-se por causa das contradições da realidade e também encontra consolo nas tribulações.

Pela meditação silencia e espera a palavra vinda de Deus que fala ao seu profundo. Abre-se à comunhão com o

Infinito e começa sentir sua proximidade até chegar a um estado de consciência que suprime o tempo e o espaço e deixa acontecer a fusão do Amado com a amada.

Haveria outros tantos lugares de emergência do Infinito, como a experiência do amor, o encontro profundo com o diferente, a experiência do nascimento e da morte, entre outros, que não cabe aqui aprofundar (WEIL, P. *Rumo ao infinito*, p. 115-167).

IV
Uma experiência exemplar: Santo Agostinho

Sempre constatamos: se a inteligência se angustia pela distância face ao Infinito, a inteligência emocional e espiritual se alegram com sua proximidade e comunhão.

Expressão exemplar desta experiência deixou Santo Agostinho, o eterno peregrino do Absoluto e do Infinito. Sua vida inteira foi uma busca existencial por Deus e pelo sentido da vida e da história. Viveu uma angústia semelhante àquela testemunhada pelos modernos existencialistas depois da Segunda Guerra Mundial. Mas finalmente teve um encontro fundamental que redefiniu o rumo de sua vida. Ele o expressou na obra *Confissões*, que é a história de suas buscas. A certa altura se refere ao encontro com o Infinito nestas memoráveis palavras:

> Tarde te amei, oh Beleza tão antiga e tão nova,
> Tarde te amei.
> Estavas dentro de mim e eu estava fora.
> Estavas comigo e eu não estava contigo.
> Tu me chamaste, gritaste e venceste minha surdez.
> Tu mostraste tua Luz e tua claridade expulsou minha cegueira.
> Tu espalhaste o teu perfume e eu o respirei.
> Eu suspiro por ti, eu te saboreio, tenho fome e sede de ti.
> Tu me tocaste e eu ardo de desejo de tua paz.
> Meu coração irrequieto não descansará enquanto não repousar em ti.

Depois destas palavras tão comovedoras quanto verdadeiras, qualquer comentário pareceria ser tagarelice. Por isso é melhor repeti-las, internalizá-las, ruminá-las até se transformarem num testemunho existencial cuja verdade radica em si mesma, compreensível por todos aqueles que fizeram o mesmo percurso e chegaram a mergulhar nesta fonte infinita de amor, de beleza, de consolo e de paz. Então seremos introduzidos no reino da comunhão dos Divinos Três que é a fruição da infinita e eterna vida divina.

Livros de Leonardo Boff

1 – *O Evangelho do Cristo Cósmico*. Petrópolis: Vozes, 1971. • Reeditado pela Record (Rio de Janeiro), 2008.

2 – *Jesus Cristo libertador*. Petrópolis: Vozes, 1972.

3 – *Die Kirche als Sakrament im Horizont der Welterfahrung*. Paderborn: Verlag Bonifacius-Druckerei, 1972 [Esgotado].

4 – *A nossa ressurreição na morte*. Petrópolis: Vozes, 1972.

5 – *Vida para além da morte*. Petrópolis: Vozes, 1973.

6 – *O destino do homem e do mundo*. Petrópolis: Vozes, 1973.

7 – *Experimentar Deus*. Petrópolis: Vozes, 2012 [Publicado em 1974 pela Vozes com o título *Atualidade da experiência de Deus*].

8 – *Os sacramentos da vida e a vida dos sacramentos*. Petrópolis: Vozes, 1975.

9 – *A vida religiosa e a Igreja no processo de libertação*. 2. ed. Petrópolis: Vozes/CNBB, 1975 [Esgotado].

10 – *Graça e experiência humana*. Petrópolis: Vozes, 1976.

11 – *Teologia do cativeiro e da libertação*. Lisboa: Multinova, 1976. • Reeditado pela Vozes, 1998.

12 – *Natal*: a humanidade e a jovialidade de nosso Deus. Petrópolis: Vozes, 1976.

13 – *Eclesiogênese* – As comunidades reinventam a Igreja. Petrópolis: Vozes, 1977. • Reeditado pela Record (Rio de Janeiro), 2008.

14 – *Paixão de Cristo, paixão do mundo*. Petrópolis: Vozes, 1977.

15 – *A fé na periferia do mundo*. Petrópolis: Vozes, 1978 [Esgotado].

16 – *Via-sacra da justiça*. Petrópolis: Vozes, 1978 [Esgotado].

17 – *O rosto materno de Deus*. Petrópolis: Vozes, 1979.

18 – *O Pai-nosso* – A oração da libertação integral. Petrópolis: Vozes, 1979.

19 – *Da libertação* – O teológico das libertações sócio-históricas. Petrópolis: Vozes, 1979 [Esgotado].

20 – *O caminhar da Igreja com os oprimidos*. Rio de Janeiro: Codecri, 1980. Reeditado pela Vozes (Petrópolis), 1988.

21 – *A Ave-Maria* – O feminino e o Espírito Santo. Petrópolis: Vozes, 1980.

22 – *Libertar para a comunhão e participação*. Rio de Janeiro: CRB, 1980 [Esgotado].

23 – *Igreja*: carisma e poder. Petrópolis: Vozes, 1981. • Reedição ampliada: Ática (Rio de Janeiro), 1994; • Record (Rio de Janeiro) 2005.

24 – *Crise, oportunidade de crescimento*. Petrópolis: Vozes, 2011 [Publicado em 1981 pela Vozes com o título *Vida segundo o Espírito*].

25 – *São Francisco de Assis* – ternura e vigor. Petrópolis: Vozes, 1981.

26 – *Via-sacra para quem quer viver*. Petrópolis: Vozes, 1991 [Publicado em 1982 pela Vozes com o título *Via-sacra da ressurreição*].

27 – *O livro da Divina Consolação*. Petrópolis: Vozes, 2006 [Publicado em 1983 com o título de *Mestre Eckhart*: a mística do ser e do não ter].

28 – *Ética e ecoespiritualidade*. Petrópolis: Vozes, 2011 [Publicado em 1984 pela Vozes com o título *Do lugar do pobre*].

29 – *Teologia à escuta do povo*. Petrópolis: Vozes, 1984 [Esgotado].

30 – *A cruz nossa de cada dia*. Petrópolis: Vozes, 2012 [Publicado em 1984 pela Vozes com o título *Como pregar a cruz hoje numa sociedade de crucificados*].

31 – (com Clodovis Boff) *Teologia da Libertação no debate atual*. Petrópolis: Vozes, 1985 [Esgotado].

32 – *A Trindade e a sociedade*. Petrópolis: Vozes, 2014 [publicado em 1986 com o título *A Trindade, a sociedade e a libertação*].

33 – *E a Igreja se fez povo*. Petrópolis: Vozes, 1986 (esgotado). • Reeditado em 2011 com o título *Ética e ecoespiritualidade*, em conjunto com *Do lugar do pobre*.

34 – (com Clodovis Boff) *Como fazer Teologia da Libertação?* Petrópolis: Vozes, 1986.

35 – *Die befreiende Botschaft*. Friburgo: Herder, 1987.

36 – *A Santíssima Trindade é a melhor comunidade*. Petrópolis: Vozes, 1988.

37 – (com Nelson Porto) *Francisco de Assis* – homem do paraíso. Petrópolis: Vozes, 1989. • Reedição modificada em 1999.

38 – *Nova evangelização*: a perspectiva dos pobres. Petrópolis: Vozes, 1990 [Esgotado].

39 – *La misión del teólogo em la Iglesia*. Estella: Verbo Divino, 1991.

40 – *Seleção de textos espirituais*. Petrópolis: Vozes, 1991 [Esgotado].

41 – *Seleção de textos militantes*. Petrópolis: Vozes, 1991 [Esgotado].

42 – *Con La libertad del Evangelio*. Madri: Nueva Utopia, 1991.

43 – *América Latina*: da conquista à nova evangelização. São Paulo: Ática, 1992 [Esgotado].

44 – *Ecologia, mundialização e espiritualidade*. São Paulo: Ática, 1993. • Reeditado pela Record (Rio de Janeiro), 2008.

45 – (com Frei Betto) *Mística e espiritualidade*. Rio de Janeiro: Rocco, 1994. • Reedição revista e ampliada pela Vozes (Petrópolis), 2010.

46 – *Nova era*: a emergência da consciência planetária. São Paulo: Ática, 1994. • Reeditado pela Sextante (Rio de Janeiro) em 2003 com o título de *Civilização planetária*: desafios à sociedade e ao cristianismo [Esgotado].

47 – *Je m'explique*. Paris: Desclée de Brouwer, 1994.

48 – (com A. Neguyen Van Si) *Sorella Madre Terra*. Roma: Ed. Lavoro, 1994.

49 – *Ecologia* – Grito da terra, grito dos pobres. São Paulo: Ática, 1995. • Reeditado pela Record (Rio de Janeiro) em 2015.

50 – *Princípio Terra* – A volta à Terra como pátria comum. São Paulo: Ática, 1995 [Esgotado].

51 – (org.) *Igreja*: entre norte e sul. São Paulo: Ática, 1995 [Esgotado].

52 – (com José Ramos Regidor e Clodovis Boff) A *Teologia da Libertação*: balanços e perspectivas. São Paulo: Ática, 1996 [Esgotado].

53 – *Brasa sob cinzas*. Rio de Janeiro: Record, 1996.

54 – *A águia e a galinha*: uma metáfora da condição humana. Petrópolis: Vozes, 1997.

55 – *A águia e a galinha*: uma metáfora da condição humana. Edição comemorativa – 20 anos. Petrópolis: Vozes, 2017.

56 – (com Jean-Yves Leloup, Pierre Weil, Roberto Crema) *Espírito na saúde*. Petrópolis: Vozes, 1997.

57 – (com Jean-Yves Leloup, Roberto Crema) *Os terapeutas do deserto* – De Fílon de Alexandria e Francisco de Assis a Graf Dürckheim. Petrópolis: Vozes, 1997.

58 – *O despertar da águia*: o dia-bólico e o sim-bólico na construção da realidade. Petrópolis: Vozes, 1998.

59 – *O despertar da águia*: o dia-bólico e o sim-bólico na construção da realidade. Edição especial. Petrópolis: Vozes, 2017.

60 – *Das Prinzip Mitgefühl* – Texte für eine bessere Zukunft. Friburgo: Herder, 1999.

61 – *Saber cuidar* – Ética do humano, compaixão pela terra. Petrópolis: Vozes, 1999.

62 – *Ética da vida*. Brasília: Letraviva, 1999. • Reeditado pela Record (Rio de Janeiro), 2009.

63 – *Coríntios* – Introdução. Rio de Janeiro: Objetiva, 1999 (Esgotado).

64 – *A oração de São Francisco*: uma mensagem de paz para o mundo atual. Rio de Janeiro: Sextante, 1999. • Reeditado pela Vozes (Petrópolis), 2014.

65 – *Depois de 500 anos*: que Brasil queremos? Petrópolis: Vozes, 2000 [Esgotado].

66 – *Voz do arco-íris*. Brasília: Letraviva, 2000. • Reeditado pela Sextante (Rio de Janeiro), 2004 [Esgotado].

67 – (com Marcos Arruda) Globalização: desafios socioeconômicos, éticos e educativos. Petrópolis: Vozes, 2000.

68 – *Tempo de transcendência* – O ser humano como um projeto infinito. Rio de Janeiro: Sextante, 2000. • Reeditado pela Vozes (Petrópolis), 2009.

69 – (com Werner Müller) *Princípio de compaixão e cuidado*. Petrópolis: Vozes, 2000.

70 – *Ethos mundial* – Um consenso mínimo entre os humanos. Brasília: Letraviva, 2000. • Reeditado pela Record (Rio de Janeiro) em 2009.

71 – *Espiritualidade* – Um caminho de transformação. Rio de Janeiro: Sextante, 2001. • Reeditado pela Mar de Ideias (Rio de Janeiro) em 2016.

72 – *O casamento entre o céu e a terra* – Contos dos povos indígenas do Brasil. São Paulo: Salamandra, 2001. • Reeditado pela Mar de Ideias (Rio de Janeiro) em 2014.

73 – *Fundamentalismo*. Rio de Janeiro: Sextante, 2002. • Reedição ampliada e modificada pela Vozes (Petrópolis) em 2009 com o título *Fundamentalismo, terrorismo, religião e paz*.

74 – (com Rose Marie Muraro) *Feminino e masculino*: uma nova consciência para o encontro das diferenças. Rio de Janeiro: Sextante, 2002. • Reeditado pela Record (Rio de Janeiro), 2010.

75 – *Do iceberg à arca de Noé*: o nascimento de uma ética planetária. Rio de Janeiro: Garamond, 2002. • Reeditado pela Mar de Ideias (Rio de Janeiro), 2010.

76 – *Crise*: oportunidade de crescimento. Campinas: Verus, 2002. • Reeditado pela Vozes (Petrópolis) em 2011.

77 – (com Marco Antônio Miranda) *Terra América*: imagens. Rio de Janeiro: Sextante, 2003 [Esgotado].

78 – *Ética e moral*: a busca dos fundamentos. Petrópolis: Vozes, 2003.

79 – *O Senhor é meu Pastor*: consolo divino para o desamparo humano. Rio de Janeiro: Sextante, 2004. • Reeditado pela Vozes (Petrópolis), 2013.

80 – *Responder florindo*. Rio de Janeiro: Garamond, 2004 [Esgotado].

81 – *Novas formas da Igreja*: o futuro de um povo a caminho. Campinas: Verus, 2004 [Esgotado].

82 – *São José*: a personificação do Pai. Campinas: Verus, 2005. • Reeditado pela Vozes (Petrópolis), 2012.

83 – *Un Papa difficile da amare*: scritti e interviste. Roma: Datanews Ed., 2005.

84 – *Virtudes para um outro mundo possível* – Vol. I: Hospitalidade: direito e dever de todos. Petrópolis: Vozes, 2005.

85 – *Virtudes para um outro mundo possível* – Vol. II: Convivência, respeito e tolerância. Petrópolis: Vozes, 2006.

86 – *Virtudes para um outro mundo possível* – Vol. III: Comer e beber juntos e viver em paz. Petrópolis: Vozes, 2006.

87 – *A força da ternura* – Pensamentos para um mundo igualitário, solidário, pleno e amoroso. Rio de Janeiro: Sextante, 2006. • Reeditado pela Mar de Ideias (Rio de Janeiro) em 2012.

88 – *Ovo da esperança*: o sentido da Festa da Páscoa. Rio de Janeiro: Mar de Ideias, 2007.

89 – (com Lúcia Ribeiro) *Masculino, feminino*: experiências vividas. Rio de Janeiro: Record, 2007.

90 – *Sol da esperança* – Natal: histórias, poesias e símbolos. Rio de Janeiro: Mar de Ideias, 2007.

91 – *Homem*: satã ou anjo bom. Rio de Janeiro: Record, 2008.

92 – (com José Roberto Scolforo) *Mundo eucalipto*. Rio de Janeiro: Mar de Ideias, 2008.

93 – *Opção Terra*. Rio de Janeiro: Record, 2009.

94 – *Meditação da luz*. Petrópolis: Vozes, 2010.

95 – *Cuidar da Terra, proteger a vida*. Rio de Janeiro: Record, 2010.

96 – *Cristianismo*: o mínimo do mínimo. Petrópolis: Vozes, 2011.

97 – *El planeta Tierra*: crisis, falsas soluciones, alternativas. Madri: Nueva Utopia, 2011.

98 – (com Marie Hathaway) *O Tao da Libertação* – Explorando a ecologia da transformação. 2. ed. Petrópolis: Vozes, 2012.

99 – *Sustentabilidade*: O que é – O que não é. Petrópolis: Vozes, 2012.

100 – *Jesus Cristo Libertador*: ensaio de cristologia crítica para o nosso tempo. Petrópolis: Vozes, 2012 [Selo Vozes de Bolso].

101 – *O cuidado necessário*: na vida, na saúde, na educação, na ecologia, na ética e na espiritualidade. Petrópolis: Vozes, 2012.

102 – *As quatro ecologias: ambiental, política e social, mental e integral.* Rio de Janeiro: Mar de Ideias, 2012.

103 – *Francisco de Assis* – Francisco de Roma: a irrupção da primavera? Rio de Janeiro: Mar de Ideias, 2013.

104 – *O Espírito Santo* – Fogo interior, doador de vida e Pai dos pobres. Petrópolis: Vozes, 2013.

105 – (com Jürgen Moltmann) *Há esperança para a criação ameaçada?* Petrópolis: Vozes, 2014.

106 – *A grande transformação*: na economia, na política, na ecologia e na educação. Petrópolis: Vozes, 2014.

107 – *Direitos do coração* – Como reverdecer o deserto. São Paulo: Paulus, 2015.

108 – *Ecologia, ciência, espiritualidade* – A transição do velho para o novo. Rio de Janeiro: Mar de Ideias, 2015.

109 – *A Terra na palma da mão* – Uma nova visão do planeta e da humanidade. Petrópolis: Vozes, 2016.

110 – (com Luigi Zoja) *Memórias inquietas e persistentes de L. Boff.* São Paulo: Ideias & Letras, 2016.

111 – (com Frei Betto e Mario Sergio Cortella) *Felicidade foi-se embora?* Petrópolis: Vozes Nobilis, 2016.

112 – *Ética e espiritualidade* – Como cuidar da Casa Comum. Petrópolis: Vozes, 2017.

113 – *De onde vem?* – Uma nova visão do universo, da Terra, da vida, do ser humano, do espírito e de Deus. Rio de Janeiro: Mar de Ideias, 2017.

114 – *A casa, a espiritualidade, o amor.* São Paulo: Paulinas, 2017.

115 – (com Anselm Grün) *O divino em nós.* Petrópolis: Vozes Nobilis, 2017.

116 – *O livro dos elogios*: o significado do insignificante. São Paulo: Paulus, 2017.

117 – *Brasil* – Concluir a refundação ou prolongar a dependência? Petrópolis: Vozes, 2018.

118 – *Reflexões de um velho teólogo e pensador.* Petrópolis: Vozes, 2018.

119 – *A saudade de Deus* – A força dos pequenos. Petrópolis: Vozes, 2020.

120 – *Covid-19 – A Mãe Terra contra-ataca a Humanidade*: Advertências da pandemia. Petrópolis: Vozes, 2020.

121 – *O doloroso parto da Mãe Terra* – Uma sociedade de fraternidade sem fronteiras e de amizade social. Petrópolis: Vozes, 2021.

122 – *Habitar a Terra* – Qual o caminho para a fraternidade universal? Petrópolis: Vozes, 2021.

123 – *O pescador ambicioso e o peixe encantado* – A busca pela justa medida. Petrópolis: Vozes, 2022.

124 – *Igreja: carisma e poder* – Ensaios de eclesiologia militante. Petrópolis: Vozes, 2022.

125 – *A amorosidade do Deus-Abbá e Jesus de Nazaré.* Petrópolis: Vozes, 2023.

126 – *A busca pela justa medida* – Como equilibrar o planeta Terra. Petrópolis: Vozes, 2023.

Conecte-se conosco:

f facebook.com/editoravozes

⌾ @editoravozes

🐦 @editora_vozes

▶ youtube.com/editoravozes

🟢 +55 24 2233-9033

www.vozes.com.br

Conheça nossas lojas:

www.livrariavozes.com.br

Belo Horizonte – Brasília – Campinas – Cuiabá – Curitiba
Fortaleza – Juiz de Fora – Petrópolis – Recife – São Paulo

EDITORA VOZES LTDA.
Rua Frei Luís, 100 – Centro – Cep 25689-900 – Petrópolis, RJ
Tel.: (24) 2233-9000 – E-mail: vendas@vozes.com.br